後見人センター
とちぎ
代表：大野益通

家と土地は残さない

在宅
おひとりさまの
生き方

にんげん出版

はじめに
人生の最期(さいご)を自分らしく……

　おひとり様が安心して老後を過ごすサポートのため、私（大野益通）は2006年、「NPO法人 市民後見人センターとちぎ」を起ち上げました（2019年2月、「NPO法人 後見人センターとちぎ」に改称）。
　成年後見人としておひとり様の高齢者をおささえするとりくみのなか、おおくの方から相談が寄せられました。

「身寄りがいない」
「親族の支援がむつかしい」
「入院・施設入所のさいの保証人がいない」
「住まいの片付けを頼みたい」
「お墓をどうするか相談する人がいない」

　とりくみのなか浮かび上がってきたのは、高齢者が、医療や介護、終末期のことにかんして、不安を抱えて過ごしておられる現実です。

公的支援の枠ぐみから
こぼれおちる高齢者世帯

　なかでも切実な悩みは、公的年金だけでは医療・介護に費や

すお金が足りないということ。

　一人暮らしの男性Kさんは77歳。民間の賃貸アパートで暮らしていましたが、今年、病気をして入院。その後、退院したKさんは、きょうだいと親族に連絡しましたが、「援助はできない」と断られてしまいました。

　途方にくれたKさんは地域包括支援センターに相談しました。

　「貯蓄もなく、年金（9万円）だけでギリギリの生活。病気をして動けなくなっても、医療や介護をうけられない」
　「身体が不自由になったとき、誰が私をみてくれるのか？」
　「終末期の私のみとりは、誰がしてくれるのか？」
　「私が亡くなったら葬儀やお墓のことは誰がしてくれるのか？」

　地域包括支援センターから連絡をうけ、わたくしたち「後見人センターとちぎ」が、Kさんとお会いしました。

　依頼されたのは2つです。

　「入院するさいの保証人になってほしい」
　「死後の後始末、葬儀と遺品整理を頼みたい」

　しかし、入院や施設入所のさいの身元保証人になるには、見守り契約と財産管理委任契約を結ばなければなりませんが、Kさんには貯金もなく、毎月の諸費用を支払う余裕もありません。

　Kさんに限らず、「後見人センターとちぎ」に寄せられる高齢者の悩みは、つぎのようなことがあります。

❶医療費・施設入所費の支払いはどうすればよいのか？
❷身体が動かなくなったら、誰がささえてくれるのか？
❸亡くなった後の遺品整理や自宅の片づけは、誰が？
❹葬儀・納骨・永代供養を、誰がしてくれるのか？

　Kさんのケースでは、9万円の年金収入があるため、生活保護の受給はできません。役場の配慮により医療費助成をうけられ、また市営住宅に転居できたものの、生活費はKさんが自分でまかなうしかありません。

高齢の生活困窮世帯をささえる社会的支援の輪を

　わたしたち「後見人センターとちぎ」が直面するのは、親族の支援がなく、生活保護を受給できないボーダーラインに、多くの高齢者がおられる現実です。一刻も早く、そうした高齢者がなんらかの公的支援をうけられるよう、願ってやみません。
　本書で紹介する、車いす生活になったDさんのケースでは、「後見人センターとちぎ」が、所得税や住民税など障害者減免措置を申請し、ご本人の年金と保険で、療養型病院で暮していただくとともに、葬儀や死後事務のサポートをおこないました。

いちばん大切なことは、高齢者おひとりおひとりが、安心・安全に暮らし、ご本人の納得のいく「旅立ち」の準備をして、前向きに人生を送っていただくことです。

　そのためには何が必要でしょうか。
　高齢者のサポートをさせていただくなかで、私が痛感したのは、**人生の折り返し地点で最期にそなえる**ことの大切さです。
　高齢になれば、多少不自由なことがあるのは当たり前。でも、明るく元気で、安心の日々を過ごし、あなたらしいエンディングを迎えることは可能です。

　「身体も不自由になって、頼れる身内もいない私が、とてもハッピーなエンディングなんて！」

　と、言われる方、そんなことはありません。
　いくつかの準備とサポートがあれば、「しあわせな最期」を迎えることができます。
　本書では「後見人センターとちぎ」がサポートする具体例をご紹介しています。
　不安をお持ちの方も、私たちと一緒に、ひとつひとつ、乗り越えていきましょう。

　本書を手に取られた方、お困りの方、さまざまな事情をお持ちの方、わからないことがありましたら、どんなことでも「後見人センターとちぎ」にご相談下さい。

在宅おひとりさまの生き方

もくじ

はじめに
元気なうちから その後まで
15

1
健康なうちから そなえる
25

2
病気・ケガをする
47

障がい者になる

63

認知症になる

71

任意後見契約
あなたの意思を大切に……

83

自宅で介護をうける

97

7 家の処分
103

8 自分らしい旅立ち
107

9 葬儀のあとに
117

10 遺品整理・家財処分、相続
127

自分で決める納骨・供養、いざその時の遺言書

137

後見人センターとちぎは こんなサポートをしています

149

後見人センターとちぎの
在宅おひとりさまの旅立ちサポート

銀行の定額送金システム

お金
私のお金を安全に守り
私に必要なお金だけを支出してもらう

 税理士
 信託会社
 後見人

お墓
私が亡くなったら
樹木葬合葬墓でゆっくり眠りたい

家

家と土地は生前に整理
空き家にしない

任意後見で最後までわたしらしく

死後の手つづき

亡くなった後の手つづきを
たくす

元気なうちから
その後まで

「人生100年時代にそなえる」とは?

まずは、次のチャート①から⑫をご覧ください。
あなたは、どう感じられたでしょうか。

「老人ホーム入居ですべてよしというわけじゃないのか……」
「亡くなったときが終わりではないんだ……」

と、気づかれた方もいらっしゃると思います。たしかにその通りで、ご本人が**「亡くなったその後」**にも、しなければならないことがあります。

「65歳時点での平均余命」は20年以上!!

日本人の**平均寿命**は、男性は「81歳」、女性は「87歳」(平成29年度調べ)。
また、「65歳」の時点であと何年生きるかという**平均余命**は、男性で19.57歳、女性で24.43歳となりました(厚生労働省 平成29年)。

90歳、100歳まで元気に生きておられる方も珍しくありません。「人生100年にそなえる」といっても、大げさではない時代です。

1. 健康なうちからそなえる
2. 病気・怪我をする
3. 障害者になる
4. 認知症になる
5. 自宅で介護をうける
6. 施設・病院で介護をうける、家の解体
7. 終末期を迎える
8. 亡くなったとき
9. お葬式をする
10. 納骨と永代供養をする
11. 諸手続きと遺品整理
12. 遺言を執行する

そう考えると、人生の折り返し地点は、50歳代から60歳の間ということになり、後半のシニアライフを充実させるためにどんな準備をしておくかがテーマになります。

【元気なうちに亡くなった後のことまでそなえておく】のは?

　折り返し地点からのシニアライフを有意義に過ごすための最大のポイントは、チャートの①から⑫**亡くなった後のことまでそなえておくこと**。
　これは、高齢者をおささえし、一万人をご葬儀で送ってきた私の体験にもとづく実感でもあります。

　「身じまい」とか「終活」という言葉がいわれますが、「残された家族に迷惑をかけたくない」からするのではなく、自分をより深く知るための時間として有効に使っていただきたいと、思います。

混乱したまま亡くなるのではなく、安らかな気持ちで、納得してねむりにつく準備をする。それが、人生後半を有意義に生きる大きな鍵となります。
　人生後半の「そなえ」のポイントは４つあります。

そなえ１　介護が必要になった時のサポート

　まず１点目、いま、元気なうちに、介護が必要になったときの生活スタイルをあらかじめ決めておくことです。
　たとえば、「いずれ介護をうけることになっても在宅で暮らしたい」と望む方は、誰に、どのようにサポートしてもらうのか。まずは、おおまかに、あなた自身の希望とそれを実現する段取りをつけておきます。

　「頼れる身内がいない私が認知症になったら」と、不安に感じていらっしゃる方は、任意後見契約をしておくことをお奨めします。自分で選んだ人に意思能力を失ったさいのサポートをお願いしておく任意後見契約は、身寄りがいない方だけでなく、お子さんなどご家族・ご親族がいる方にとってもメリットがあります。

そなえ2
元気なうちにお金の管理について、決めておく

2点目、身のまわりの整理をしておく。

これには2つあります。1つは、家財・食器、洋服、趣味の道具、アルバムなど想い出の品々。

「まだ生きているのだからいいじゃない」

と思われる方、しかし、着ることのない着物など、不要に思える物が、ところ狭しとお部屋を占領している場合があります。

高齢者が救急搬送される8割が「転倒」で、しかも、室内で転ぶ場合が非常に多いのです（東京消防庁「救急搬送データ」平成30年発表）。足元や高い所に荷物が積まれているのは危険ですので、あなたが信頼する人と一緒に、片づけを始めるのがいいでしょう。

2つめは、いま、元気なうちに、お金の管理のしかたを明確に決めておく。まずは預貯金通帳や現金、健康保険証、介護保

貸金庫に預けていても
カードキーも鍵も一つしか
用意されていないことが多く、
貸金庫の存在自体をなぜか家族も
知らされていないケースもあります。
財産については、第三者の法人の
後見人事務所にお願いするのが
安全といえるでしょう。

険証、カード類、生命保険証書、権利証・登記証、ローン契約（マンションや高価な買い物など）など負債も含めた財産把握。

　とくに一人暮らしの方は、突然、病気やけがに見舞われたとき、「保険証」と少しの現金が必要ですが、サポートしてくださる人に持ってきてもらうさい、どこにあるかわかるようにしておきます。

　とくに、大きなお金・権利証などは、将来あなたのことをしてくれる任意後見人と財産管理契約を結んで、安全に管理してもらうことが有効です（くわしくは88頁を参照して下さい）。

そなえ3
自宅を空き家のままにしない

　3点目、もっとも大きな片づけが、自宅です。
　ご本人の死後、残されたまま空き家になった住宅は全国で1千万戸（総務省 2018年）。いま、空き家対策の専門家のもとには、相談が多く寄せられています。きっかけは2015年に施行された空き家対策特別措置法でした。

【空き家対策特別措置法】自治体が「特定空き家」に認定すると、居住用に比べ、税金（固定資産税）が6倍かかる制度。

　思い出の詰まった自宅の売却には抵抗感をもつ人も多くいます。ご本人の亡くなった後、相続人の間で活用法が一致せず、そのままになっている空き家が少なくありません。

地方では空き家の管理代行業者も、借り手も簡単にはみつかりません。ところが、家を相続した方は、固定資産税を毎年8万から15万円ほど、払いつづけなければなりません。
　ご本人の自宅をどうするか。検討を始めるのは早ければ早いほどいいでしょう。

そなえ4
お墓のお引越し──どこにねむるか

　最後に、4点目が、お墓のことです。
　亡くなった後、あなたの遺骨はどこにねむりますか？　誰が、いつ、どこにねむるかをクリアーにしておくことをお奨めします。ポイントは大きく3つあります。

❶新しいお墓を建てる。
❷お墓の引っ越し（改葬）。
❸墓じまい（返還）して納骨堂に移る。

　遠方の墓を撤去し、自宅近くに墓を設ける「お墓の引越し」。現実問題として、先祖代々の家のお墓を継承することが難しくなってきたことから、近いところにある霊園に新たに建てたり、

合同祭祀墓に移したり、雨が降ってもお参りできる納骨堂に移す方がふえています。

「亡くなってから後のこと」は、ひじょうに煩雑（はんざつ）な行政手続きと、遺族・相続人の間での調停、お寺（宗教者）との交渉をともないます。
　たしかな専門知識をもつ法人に相談されることをお奨めします。

| 1 | **新しいお墓を建てる** |

- 郷里のお墓が遠くてお参りができない
- 気がねなくひとりでねむるお墓を購入したい
- 好きなデザインの墓石に、自分の想いを墓碑に刻みたい
- 妻（夫、親しいパートナー）と二人だけのお墓を建てたい
- 子どもに迷惑をかけないよう跡継ぎや管理のいらない合祀墓にねむりたい

2 お墓のお引越し（改葬・お墓の移転）

- 管理できない郷里の墓を自分の家の近くに移したい
- お墓を改葬して先祖・両親の遺骨を樹木葬墓に収め、独身の自分は生前予約しておく
- すでに別のお墓に埋葬されている特定の人の遺骨を移したい
- 改宗したので檀家をやめたい
- 夫（妻）共に一人っ子なので両家の墓を併せて建てたい

3 墓じまいして納骨堂（樹木葬墓）に移る

- 先祖の墓の遺骨を移動して、既存のお墓を解体・撤去したい
- お墓の承継者がいないので永代供養付き納骨堂に安置したい
- 改葬して先祖・両親の遺骨を管理のいらない樹木葬墓に収め、自分も生前予約する

健康なうちから そなえる

本書のテーマは、多少不自由なことがあっても、明るく、元気で、安心して暮らしていくにはどうしたらよいのかということです。

働けるあいだは働く

　高齢者だからといって、みながみな、重たい介護をうけながら暮らすことを前提にしないといけないのでしょうか？　働けるあいだはしっかり働いていく。そのほうが**健康寿命**も延びるという医学統計があります。
　17頁のチャートの「生老病死」の流れを、じっくり見ていただくと、①から②③④のあいだに、まず一つポイントがあります。
　生きているうちは元気で、というのが、皆さんの願いです。とはいえ、高齢になればなるほど、病気やケガに見舞われやすくなります。
　アクシデントへの**「そなえ＝対応」**をしっかりして、「安心した心の状態が長寿につながる」という報告もあります。

その後の準備をおこたりなく

　「そなえ＝対応」とは、元気なうちに「介護と医療」「終末期のケア」「亡くなったその後」についてもそなえておくこと。
　安らかな「旅立ち」を迎えるためには、しっかり「そなえ」て、しっかり働いて、健康寿命を延ばすことがキーポイントに

なります。

ここがポイント！
健康寿命とは

日常生活を支障なく、自立して生活できる期間のこと。日本人の平均寿命と健康寿命の差、つまり亡くなるまでに介護や支援を必要とする期間は、男性9年、女性は12年といわれています。（厚生労働省2018年度調査）

今の私のこころとからだの健康状態は？

つぎの表をご覧ください。あなたの今の心と身体の健康状態をご自身でチェックしてみましょう。

 今の私の健康状態は？

- ☐ 自分では意識も身体も元気だと思う
- ☐ 回復の見込みの少ない病気にかかっている
- ☐ 階段の昇り降りなどがつらく、出歩くのがおっくう
- ☐ いつも憂鬱で、何をするのもおっくう

☐	よく眠れない （目覚めたときぐっすり眠れたという熟眠感がない）
☐	近頃、食欲がなく痩せてきた
☐	この数年のうちに救急車で運ばれたことがある
☐	持病がある
☐	物忘れが激しく認知症ではないかとひそかに思っている

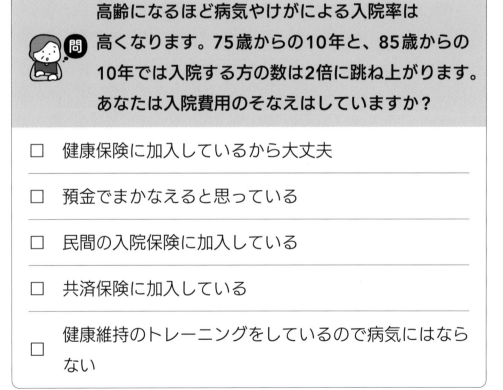

高齢になるほど病気やけがによる入院率は高くなります。75歳からの10年と、85歳からの10年では入院する方の数は2倍に跳ね上がります。あなたは入院費用のそなえはしていますか？

☐	健康保険に加入しているから大丈夫
☐	預金でまかなえると思っている
☐	民間の入院保険に加入している
☐	共済保険に加入している
☐	健康維持のトレーニングをしているので病気にはならない

> ここがポイント！
コミュニケーションが健康寿命をのばす！

NHKスペシャル「AIに聞いてみた～健康寿命」
（2018年10月13日放送より）

●**健康寿命日本一の山梨県、その秘密は？**

　厚生労働省が2018年3月に発表した都道府県別の健康寿命ランキングによれば、山梨県は男性が1位。女性は3位。2015年、2012年の発表でも、山梨県の健康寿命は男女ともにトップで、要介護認定の人が圧倒的に少ないことが報告されています。

　健康寿命を延ばすヒントを探るために、全国の65歳以上、延べ41万人の生活習慣や行動に関するアンケートの分析を行いました。質問は600問以上、10年以上にわたる追跡調査のビッグデータをNHKが開発したAI（人工知能）で分析しました。

　その秘密は何と「読書」にありました。

「人口10万人あたりの図書館数は、全国平均2.61館に対し、山梨は6.59館とダントツの全国1位」
「読みたい本を探してほぼ毎日外出する。読書サークルもさかんで、仲間同士でよく話し、知的好奇心を高め合っている」

●男性二位に大躍進した埼玉県の秘密は？

　埼玉県は男性の健康寿命が2015年＝全国第21位から2018年＝第2位へと大躍進しています。一方、埼玉県の民間の「防犯ボランティア数」は、6,000団体以上に増加し、ダントツの全国1位。防犯のとりくみは主体的にかかわる活動であり、日頃から地域の人が声を掛け合います。仲間同士コミュニケーションを取り合うことと、地域を支える意識が、認知症予防に役立っていると分析されています。

介護が必要になったとき
あなたのライフプランを立ててみる

　まずここでは、「介護が必要になったとき」のライフプランを自分で立ててみましょう。

「プランと言われても、今は考えたくないな」
「身体が不自由になっても介護を頼めそうな人がいない」

「親族に迷惑をかけたくない」
「どんな行政サービスをうけられるのかわからない」
「老人施設に入って死ぬのを待つんだからプランなんていらない」

と、答えられる方もいらっしゃるでしょう。
そんなあなたが、ご自身のライフプランを立てやすくするために、在宅で介護をうけながら過ごすおひとりさまの暮らしの実例を、つぎにご紹介しましょう。

高齢者を取り巻く現況

●3人に1人が65歳以上の高齢者

あらためて、高齢者をとりまく状況をみておきましょう。

厚生労働省調査によれば、2025年には65歳以上の高齢者は、3人に1人という超高齢社会をむかえます。

要介護（要支援）認定者数も700万人を突破するのは確実とされています。

ここがポイント！
要介護と要支援のちがい

「要介護」は、介護保険サービスをうけるさい、必要とされる介護の度合いをしめす言葉です。日常生活に介助が必要な方は**要介護**で1から5の段階があります。

それに対して、日常生活において介助が必要なシーンがあるものの、**介護予防サービス**を利用することで身体機能の維持や改善などが見込める方は**要支援**です。それぞれの自治体は、地域密着型の高齢者支援をおこなっています。あなたの住まう地域のサービス内容を事前に調べておくことをお奨めします。

●高齢者の半数以上が夫婦及び単身世帯

おなじく厚生労働省によれば、高齢者の暮らしを世帯別でみると、半数以上の58％が高齢者のみの夫婦あるいは一人暮らし高齢者です。

一方、3世代家族で住んでいる高齢者（息子・娘夫婦と孫と一緒に暮らしている世帯）は2015年統計では12％、2世代（高齢者と未婚の子供）で暮らしている方は19％となります。

3世代家族は1割

●独居高齢者の「孤独死」は10年間で倍増

　近年、ふえているのが一人暮らしの高齢者が「孤独死」するケースです。

　家族関係が希薄になり、たとえ親族がいても、遠方であったりすれば、ご本人の自宅に行って様子をみてあげることができません。

単身高齢者

夫婦高齢者

東京都23区内の65歳以上の自宅での「孤独死」者数
（東京都監察医務院統計による）
2003年……… 1451人　｜　2015年……… 3127人

　うえにみるように、10年間で「孤独死」の数は倍増しており、東京だけでなく全国的に同じ傾向であることが報告されています。

●「孤独死」は7対3の割合で男性に多い

　その中でも「孤独死」をされる男性は女性の2.5倍。「一人暮らしの父親がおられる方は要注意」と言われています。

単身の高齢者
気づかれなかった認知症のシグナル

　「孤独死」の死因はさまざまですが、すべての方に共通するのは、ご本人の安否確認や生活状況、重篤な病気に罹っていない

1　健康なうちからそなえる　33

か、認知症を発症していないかなど、確認する人がいなかったことです。

とくに認知症を発症しておられる方の場合、初期段階で、周囲が気づいてあげなくてはなりません。

ご本人が「私はボケてなどいない」「自分一人でやれる」と言っても、たとえば次のような状況がみられたら、**認知症のシグナル**かもしれないと考え、対処が必要です。

- 同じ物を大量に買い込んでいる。
- 床や廊下に物が散乱している。
- タンスの上に物が積まれている。
- ゴミが室内に放置されている。
- 水回りが汚れている。食器などが洗われていない。

政府は〈在宅介護〉を奨めている

いま、政府は、高齢者の〈在宅介護〉を推奨しています。

高齢者が日常生活においてしだいに不自由になり、死を迎えるまで、およそ10年といわれています。

その間、高齢者の「おひとり様」、高齢者のご夫婦「お二人様」が、在宅で介護をうけながら暮らすことになります。

しかし、現状ではそれに対応し得る在宅介護ケア、訪問看

護・訪問医療、生活サービスのシステムが充分に整っているとはいいがたいのが現実です。

　自宅で自立した日常生活を送ることができるよう、自宅にこもりきりの孤立感・不安感を解消し、健康状態をチェックするなど、高齢者の皆さまが安心して暮らしていくために、その期間をサポートするしくみが必要です。

　わたしが本書でお訴えしたいのは、そのことです。

ここがポイント！
そなえのキーワード❶

介護保険

介護保険ってなに？

　65歳になると**「介護保険証」**が役所から届きます。それが2000年にスタートした介護保険制度です。介護の必要度合いを7段回にわけ、介護が必要になった場合に、かかった費用の1割または2割を負担することにより、介護サービス事業者の提供するサービスがうけられるものです。

　高齢になると、脳卒中や心筋梗塞、転倒による骨折など、

病気やケガをきっかけに、介護が必要な状態になったり、認知症を発症するケースが多くなります。

　「そなえ」の基本として、まず介護保険の利用のしかたをしっておきましょう。

介護保険はこれまでの制度と何が違うの?

　それまでの制度では、要介護状態となった高齢者に対して、自治体が「措置」としてうけるべきサービスを決め、本人がうけたいサービスを選べる余地はなかったといえます。

　介護保険制度においては、さまざまな介護事業者が提供する多様なサービスの中から、自分に合った「介護支援サービス」を利用者が選択、契約できることになりました。**ケアマネジャー（介護支援専門員）**のサポートをうけながらケアプランを作成し、サービスをうけます。

要介護認定の7段階とは?

　要介護認定は行政と医療側がおこないます。7段階の区分によって、上限金額が決まっています。その上限を超えてサービスをうけたい場合は、実費負担をしなければなりません。

どうわけられている？　要介護（支援）認定の段階

要支援1	食事やトイレはほぼ一人でできるが、立ち上がりや片足での立位保持などの動作に何らかの支えが必要。
要支援2	食事やトイレはほぼ一人でできるが、立ち上がりや歩行を含め、心身の状態が不安定である。支援に要する時間が要支援1より多くかかり、要介護状態になる可能性が高い。
要介護1	トイレや入浴などに一部介助が必要。立ち上がりや歩行がやや不安定で支えが必要。
要介護2	食事やトイレ、入浴や衣服の脱ぎ着に何らかの介助が必要。立ち上がりや歩行に支えが必要。問題行動や理解力の低下がみられることがある。

要介護3	食事やトイレ、入浴や衣服の脱ぎ着が自分一人でするのが困難。理解力の低下、問題行動もみられる。
要介護4	要介護3の状態に加え、さらに日常動作全般にかかわる能力が低下し、介護なしには日常生活をすることが困難となる状態。
要介護5	立ち上がりや歩行ができない寝たきり状態。意思の伝達がほとんど困難。

ここがポイント！

65歳以上でないと介護保険は使えない？

　介護保険を利用しての介護サービスを使えるのは、65歳以上の方になります。ただし、40歳以上65歳未満の人で、特定16疾病（筋萎縮性側索硬化症など）により、介護や介護予防が必要と認定された人は、その対象となります。

問 長期的な介護をうける必要が生じたとき、あなたはどこで、介護をうけたいですか？

☐ 施設には行きたくない。自宅で介護ヘルパーの介護をうけたい

☐	施設のデイケアなどを組み合わせて自宅で介護をうけたい
☐	施設に入所したい
☐	子どもの家で、子どもの介護をうけたい
☐	その他

ここがポイント！
そなえのキーワード❷

地域包括支援センターとケアマネジャー

在宅高齢者をささえる地域包括ケアシステム

　あなたは「地域包括ケアシステム」という言葉を聞いたことがありますか？

　高齢者が住みなれた自宅で介護をうけながら暮らしていくために、**介護保険制度**のほかにも、様々なシステムが構想されています。

　地域包括ケアシステムは、高齢者が要介護状態になっても、住みなれた地域で自分らしい生活を最期まで送れるよう、地域内でサポートし合うシステムのこと。これはそれ

ぞれの自治体でおこなわれています。

　介護保険を利用するにあたっても、まずあなたが住まう市町村役場の高齢福祉課、または地域包括支援センターに相談します。

> 要介護度が高くなっても、
> 住みなれた地域で、
> 自分らしい暮らしを、人生の最期まで
> 続けることができるよう、
> 住まい・医療・介護・介護予防・
> 支援生活が一体的に
> 提供されるシステムのこと

地域包括支援センターってなに？

　地域包括ケアシステムのもと、高齢者の生活や介護の相談にのってくれるのが、**地域包括支援センター**です。

●**地域包括支援センターは高齢者サポートの拠点**

　地域包括支援センターは高齢者のケアをはかる事業所。

　あなたが住まう市町村にあり、とくに在宅で「介護」が必要な方（およびその家族、支援者）にとって、なくてはならない存在です。

　地域包括支援センターは、保健師・看護師・介護福祉士・

社会福祉士・ケアマネジャーがチームになって、高齢者の生活相談や介護の相談に乗ってくれる窓口になります。

　あなたを担当するケアマネジャーが、介護事業所などと連けいし、介護ヘルパー、デイサービス、訪問看護・訪問医療などのサービスを組み合せてサポートしてくれます。

	問 あなたが住まう地域のケアシステムについて知っていますか？

- ☐ まったく知らない
- ☐ 近所の人が在宅でケアをうけていることは知っている
- ☐ 私の意志を尊重してくれるか不安
- ☐ 最近、地元の地域包括支援センターの取り組みの説明会に行った
- ☐ ケアマネジャーさんと話す機会があり、相談にのってもらうことにした

ここがポイント！
ケアマネジャーってどんな人？

　ケアマネジャーは介護支援員のこと。要支援の人には予防ケア、要介護認定をうけた人には、在宅で介護サービスをうけるケアプラン（居宅サービス計画書）を作成し、介護の手配をしてくれます。介護施設に入所の場合は、施設のケアマネージャーがケアプランを作成してくれます。

　ケアプランを作成してもらうとき、あなたがどんなサービスをうけたいかを具体的に伝えます。そのさいには、あなたの状況をふだんから見守り、支援してくれる家族や後見人に付き添ってもらうことをお奨めします。

信頼して自分を託せる人を見つけましょう

問 あなたが認知症になったとき、
どこで介護をうけたいか、あなたは決めていますか？

☐　なにも決めていない

☐　一人暮らしなので施設に入るしかないと思うが、決めていない

☐　自分の希望にそった施設を探しているところ

- ☐ 今の自宅に家族（親族）と同居してもらう
- ☐ 自分の介護をしてくれる人にまかせたい
- ☐ 一人暮らしだが在宅で介護をうけたい

あなたが認知症になったとき、あなたの身上監護のことや財産管理を、誰にしてもらいたいか、決めていますか？

- ☐ まったく決めていない
- ☐ 頼みたい人はいるが、口に出していない
- ☐ 話し合っているところ
- ☐ 話し合いをして、了承してもらっている
- ☐ 了承してもらい、公正証書で任意後見契約をした

ここがポイント！
そなえのキーワード❸

●ライフプランと任意後見契約

ライフプランとは今後のご本人の人生設計のこと。

任意後見契約を結ぶさいには、今後のライフプランを「あなた本人の意思」として、明確にしておくことが大切。

あなたが一人暮らしの方であれば、つぎのようなライフプランを立てておくことができます。

❶任意後見契約が発動されるまで、〇〇〇〇に私の見守りをお願いしたい。
❷私の判断能力が不十分になったさいは、〇〇〇〇に私の身上監護をお願いしたい。
❸私の判断能力が不十分になった際は〇〇〇〇事務所と〇〇〇〇事務所に、私の財産管理(保存・処分・年金など定期収入の受領・金融機関の取引)をお願いしたい。
❹私の生活に必要な費用の支払い、物品の購入を〇〇〇〇にお願いしたい。
❺身体が不自由になったら〇〇〇〇に介護契約や福祉サービスの手続きをお願いしたい。
❻今は自宅に一人住まいなので、施設に入所する際は〇〇〇〇に住居の処分をお願いしたい。
❼私が病気になったとき、〇〇〇〇に私の保証人・身元引受人になってほしい。適切な治療はしてほしいが、無理な延命治療はしないでほしい。
❽私が亡くなった後は、〇〇〇〇に葬儀・納骨・供養をお願いしたい。

要介護認定をうけた高齢者の在宅身上監護

地域包括支援センター・訪問診療・在宅看護

医師

地域包括支援センター

訪問看護

ヘルパー

ケアマネジャー

薬剤師

介護・医療の手配と調整

見守り

介護・訪問診療など

おひとりさま

相談

被後見人の保護、支援

市民後見人

民間サービスの手配 →

身のまわりの生活支援

1 健康なうちからそなえる

病気・ケガをする

心臓疾患・糖尿病などの持病がある

自宅のふろ場で転倒して骨折入院した

脳卒中を起こして、その後リハビリ生活

がんと診断された

高齢になるほど病気・ケガに見舞われやすく

　さて、「元気なうちにそなえておくこと」として、**4つのそなえ**を1章であげました。
　あなたは、ご自身のライフプランをイメージしていただけたでしょうか。

　ここでは、あなたが病気やケガをしたときを想定して、ライフプランをかんがえていくことにしましょう。

　「シルバーカーを押して、毎日歩いているご近所の高齢者。その姿を最近、見かけなくなった。どうしたのかと思っていたら、転倒して骨折し、病院に入院しているらしい」

　突然見舞われる病気やケガに、あなたは「対応」する準備をしているでしょうか？
　まずは、医療費に対する「そなえ」について伺います。

医療費のじゅんびは?

> **問** あてはまることがあれば
> チェックをいれてください。

- ☐ 「いざ」というときの医療費・入院費のたくわえはない
- ☐ 重い病気にかかっている
- ☐ 持病があり定期的に通院している
- ☐ 実際に入院したら思ったより支払いが高額だったので将来不安である
- ☐ 持病で通院しているが、薬代がかさんできたので将来不安である
- ☐ 公的医療保険では長期入院や放射線治療などは自己負担分がまかなえないので、うけられないと思っている
- ☐ 民間の入院保険（重大疾病保険）に加入している
- ☐ 十分なたくわえがあるので心配していない

☑チェック 一番下の「十分なたくわえがある」にチェックを入れた方以外は、将来のために何らかの「そなえ」が必要です。「後見人センターとちぎ」のとりくみを本書及び『一人暮らしで生きていくための任意後見入門』を参照下さい。

介護してくれる人はいる?

ではつぎに、将来の生活にかんする問いです。

> **あなたの状況についてお尋ねします。**
> **下記のような状況があれば注意して下さい。**
>
> ● 息子夫婦と同居しているので面倒をみてもらえると思う
>
> ● 息子夫婦は離れて暮らしており、将来同居しようと言ってくれない（自分も言い出しにくい）
>
> ● 嫁いだ娘がいるが夫の両親を看ているため頼れない
>
> ●「いざ」というときに頼れる身内がいないので不安である
>
> ● 持病があり日常生活が難しくなってきたが相談する人がいない
>
> ● 介護付きの老人施設に入りたいがお金が足りない
>
> ● 介護付きの老人施設に入りたいが身元保証人がいない
>
> ● その他

　二世代・三世代同居世帯が減り、高齢者の単身世帯は急増いちじるしく、将来の不安をかかえる高齢者はふえています。
　はたらける間ははたらいてきたが、重い病気に罹る、あるい

は手術が必要なほどのケガをした。頼れる身寄りもいなくて、日常生活に支障をきたしている……。

そのとき、あなたはどうすればよいのでしょうか？

「後見人センターとちぎ」がサポートさせていただいたAさんのケースからみましょう。

親族から支援を断られるケースも

Aさんは妻に先立たれて一人暮らし。病院を受診する半年前から体調が思わしくなく、食事も十分とれなくなり、寝込むことが多くなっていました。そんなAさんを心配して、日ごろか

ら訪問サポートしていた介護士さんが受診をすすめたのです。

　医師からは末期がんの疑いが濃厚といわれたのですが、Ａさんには頼れる身寄りもなく、預貯金もありません。

　Ａさんの地元の役所の高齢福祉課から、私たち「後見人センターとちぎ」に連絡が入りました。そこで伺ったのは、次のようなことでした。

- 頼れる身寄りがいない（親族は支援をことわった）
- がんに罹患しており、入院・手術が必要だが身元保証人がいない
- 年金暮らしのＡさんは預金もなく、病院もこのままではうけ入れられない

　Ａさんは**「末期がん」「頼れる身寄りがいない」「貯えがない」**というシビアなケースでした。

　医師からは「入院して検査・手術が必要」といわれましたが、**保証人**がおらず、医療費などお金の準備がなくては、病院はうけ入れてくれません。またＡさんに万が一のことがおきたとき、緊急連絡先や（遺体の）引き取り手がいなくては、病院側も困ってしまいます。

身元保証人がいないと入院できない?

　末期ガンと診断された男性Aさんのケースは決してまれな事例ではありません。

　現実に、長期間の入院を必要とする病気に罹る、あるいは突然のアクシデントによりケガをして、大きな手術・リハビリが必要になるのは、年齢にかかわらず誰にも起こり得ることです。

　そのとき、病院から尋ねられるのは「家族・親族はいるか?」つまり「身元保証をしてくれる人はいるか?」、そして「いるなら来てもらってくれ」といわれます。

ここがポイント!
保証人と身元引受人

　全国の病院の9割以上が、入院時に**保証人と身元引受人**を求めると答えています。「医療費の支払い保証」や「亡くなったあとの対応」がその理由です。

　入院治療中に本人が亡くなってしまった場合、医療費の請求をどこに求めればよいのか。亡くなったとき、誰に連絡して、遺体を引き取ってもらうのか。

　また、老人施設への入居時や緊急時連絡先としても、保証人・身元引受人が求められています。

2 病気・ケガをする

下記の問いにあてはまることがあれば考えてください。

- 身近に頼れる方がいないのでこころもとない
- 「もしも」のとき、親族に迷惑をかけたくない
- 「もしも」のとき、子供が遠方で対応できない
- 夫婦二人暮らし
- 離婚（死別）して独り身で、子どもとも疎遠
- 親戚（兄弟姉妹）に依頼したら断られた
- 息子／娘が看るといってくれているので大丈夫と思う

ここがポイント！
ネット広告に注意

　ネットでは、「おひとり様の身元保証人になります」と謳(うた)う身元保証代行会社を見かけますが、ボランティアではないので、「預託金」を預けておかなければ、引きうけてはもらえません。なかには「預託金」として、百万円単位のお金を請求される場合もあるので、サポートの実績内容に注意が必要です。

> **入院時の保証人・身元引受人の役割**
>
> - 入院にさいしての身の回りのじゅんび
> - ご本人がうける医療行為についての説明に立ち会う
> - メディカルソーシャルワーカーとのコミュニケーション
> - 本人に代わり、連帯保証人として入院治療費を支払う
> - 容体急変・危篤にさいしての連絡をうけ取り、駆けつける
> - 遺体の引き取り

後見人が「もしも」のことを誓約して連帯保証

　ケース1でみたAさんは、やはり末期のガンでした。ご本人の希望と医師・医療ソーシャルワーカーのすすめで、高齢であるAさんは、ホスピスのある病院で、緩和ケアをうけることになりました。

　入院誓約書には「後見人センターとちぎ」がAさんの連帯保証人となり、入院治療費の支払い、「もしも」のことを誓約しました。

　「もしも」の内容は、Aさんが亡くなったとき、ご遺体をひきとることです。

　Aさんは、80歳になるまで、職人さんとしてはたらいてこられました。自宅でおひとり暮らしながらも、食事や家の片づけ

などをこなしておられました。

しかし、病気にかかった場合の「そなえ」はされてこなかったといえます。あとでみるように、お金のことが解決したとき、病状の進行はあったものの、Ａさんは私たちが初めてお会いしたときよりもずっと明るく元気になられました。

Ａさんをめぐる支援は、市町村自治体・地域包括支援センター・医療ソーシャルワーカーの協働によってささえられたことも申し上げておきたいと思います。

地域包括支援センターから派遣されて訪れていた介護士さんがＡさんの異変を感じて、地域包括支援センターと役場の高齢福祉課につながなければ、Ａさんは自宅で衰弱死する事態になっていたかもしれません。

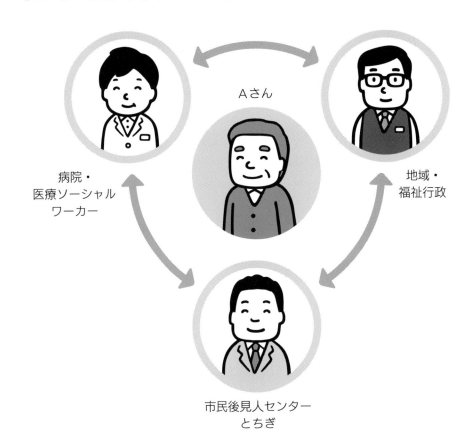

医療ソーシャルワーカーとは

　医療ソーシャルワーカーは、社会福祉士や看護師などの資格をもち、病院をはじめ保険医療機関に勤務して、患者さんの生活や医療、精神面でのサポートをします。

　患者さんたちはさまざまな不安や悩みを抱えています。
　たとえば「入院費はいくらかかるのか」「退院後の生活や仕事は元通りにできるのか」「退院しても介護してくれる人が見つからない」などなど。

入院費は
いくらかかるの?

私の介護をしてくれる
人が見つからない…

退院後しても元通りの
生活ができるのかしら?

経済的不安

退院後の
不安

介護の不安

医療ソーシャルワーカー

2 病気・ケガをする　57

患者さんや家族の方々が抱える経済的・心理的・社会的問題の解決、調整を手助けし、社会復帰を支援する人が、医療ソーシャルワーカーです。

自宅処分で入院治療費のねん出

　Aさんの入院にあたっては、「後見人センターとちぎ」が保証人となりました。
　このとき課題となるのは、Aさんの入院治療費をどうするか、つまり「お金のこと」をどうするかです。
　もう一度1章でみた「そなえ」のポイント1から4をみておきましょう。

❶介護のサポート体制を決めておく
❷元気でいるうちにお金の準備をしておく
❸自宅の処分
❹お墓のことをきめておく

月々のローン

　年金生活をしていたAさんですが、リフォーム代や大型電化製品、さらに車をローンで買っていました。社会福祉士の方が確認した時点で、200万円にのぼるローン残高が、Aさんの生活を圧迫していました。
　Aさんに聞くと、「業者がたびたび

自宅でAさんをささえた連携図

市町村

地域包括支援センター

ケアマネジャー

市民後見人
NPO法人
後見人センター
とちぎ

定額送金システム　指図　監査

信託会社

入金　指図

銀行　税理士法人

高齢福祉課
福祉事務所
など

介護の手配
介護予防
保健・福祉

身上監護
財産管理

ケアプランの作成

自宅

病院
医師・看護師
医療ソーシャルワーカー

訪問診療
訪問看護

銀行の不動産部

訪問理容

介護サービス

介護士・ヘルパー
食事・入浴介助・洗髪・オムツ交換
排泄介助・身体清拭・爪切り
通院・着替え介助・
外出付き添い

自宅を訪問して断り切れなくなった」とのこと。独居の高齢者の寂しさにつけこんだものと思われます。

　私たち「後見人センターとちぎ」は、Ａさんとつぎのような公正証書を交わした上で、後見人および連帯保証人となって、この問題にとりくむことにしました。

　❶継続的見守り及び財産管理委任契約
　❷任意後見契約
　❸尊厳死宣言書
　❹死後事務委任契約
　❺遺言公正証書

　「後見人センターとちぎ」は、Ａさんの委任を得た上で、自宅と土地、車を売却して、入院治療費と負債（ローン残金）にあてることにしました。
　私たちは街なかの不動産業者ではなく、銀行の不動産部（2社）に売却をお願いしました。信用のおける銀行の不動産部に依頼することは、なかば公（おおやけ）です。
　これにより、ご本人も安心して売却をすすめることができ、Ａさんの入院療養費の支払い、ローン返済ができたのでした。

　「貯蓄はないが自宅はある」という方は多いと思います。息子さんや娘さんと同居していない独居の方は、生前に処分する選択肢を視野におかれることをお奨めしています。

銀行の
不動産部に依頼

旅立ちの支度（死後事務）もおえて安らかに

　がんの進行は医師の余命宣告どおりでしたが、Aさんの表情は明るく、安らかに過ごされていました。

　私たち「後見人センターとちぎ」が身元引受人（保証人）となり、自宅（土地・建物）処分によって、お金の心配もなくなり、「旅立ちの後のこと」を私たちに任されたことも安心につながったのではと思います。

　Aさんから最後に頼まれたのは、つぎのようなことでした。

　「俺の葬儀のこと、お墓のことを頼みます。先に亡くなった妻がねむっているお墓も改葬して一緒に永代供養にしてほしい」

　こうして、私たちはAさんから「**そなえの1から4まで**」すべてを託されたことになります。

お墓の引っ越しや、「旅立ち」後の行政手続きは、すみやかにすすめないといけません。死後事務、遺言執行についても、Aさんと公正証書をむすび、しっかり委任されていましたので、トラブルなくすすめることができました。

　その後、「Aさんを支援しない」と言った親族から電話がありました。「相続できるお金はあるか？」と尋ねる内容でした。

　私は「Aさんの負債が大きく、Aさんの希望により自宅を処分してもマイナスになるかもしれません」と伝えたところ、それっきり連絡は途絶えました。

お墓の引越し

　Aさんの旅立ち後、「後見人センターとちぎ」はご遺体を引き取り、葬儀ホールに安置しました。通夜・告別式には、地元の老人会にお知らせすると、仲間の方たちが連絡をとりあって、Aさんを見送りに来てくださいました。

　Aさんの遺言通り、遺骨は亡くなったお連れ合いと、Aさんのお母上の遺骨、三人一緒に、永代供養墓におさめさせていただきました。

障がい者になる

杖をつかなくては歩けない

車イス生活になった

食事・トイレ・入浴時の介護が必要になった

施設に入って看護と介護をうけたい

緊急手術に「後見人センターとちぎ」が駆けつけて……

　この章でご紹介するのは、病気で脚を切断、車イス生活になったDさんです。

　ケース1のAさんと同じく、頼れる身内はいないDさん。賃貸アパートで年金生活をしておられます。持病の糖尿病が悪化して、手術で脚を切断しないと命が危ないと言われました。

　役所の福祉課からの連絡をうけ、私たち「後見人センターとちぎ」は病室に伺い、医療ソーシャルワーカーの立ち合いのも

と、Dさんとお会いしました。

　手術は緊急を要するもので、公正証書の作成には間に合いません。とり急ぎ民民での「見守り契約」を結び、「後見人センターとちぎ」がDさんの連帯保証人（身元引きうけ人）となり、「もしも」の時の引きうけをすることをご本人に了承していただきました。

ここがポイント!
見守り契約とは?

　「見守り契約」はご本人の状況により、その内容もさまざまなものがあります。一般的には、任意後見がスタートするまでの間、ご本人の心身の状況を確認し、安全をはかり、相談相手となるなどのとり決めを、ご本人と受任者とで結びます。

住まいの片づけ・撤収をお手つだい
療養型病院へ

　手術は無事に終わりました。たくわえのなかったDさんですが、幸い、共済保険に加入しておられたため、入院治療費が給付金として支払われることになりました。

　しかし、要介護3となったDさんは、がんの転移もあり、今後一人ではアパート生活を送るのはむつかしく、病院の計らい

で、療養型病棟での療養生活に入ることになりました。

　「後見人センターとちぎ」のスタッフがＤさんの了承を得てアパートを片づけ、要らないモノを処分し、清掃して、引き払いをしました。それらに伴う電気・水道・ガスなどの契約も、すべて手続きしました。

公証人が病室に出張してくれ、公正証書をむすぶ

　公証センターから公証人の方が病室に出張してくださり、Ｄさんに丁寧な説明をしてくださり、私たち「後見人センターとちぎ」とＤさんとの間で、「継続的見守り及び財産管理委任契約」「任意後見契約」「死後事務委任契約」「尊厳死宣言」「遺言書契約」を結びました。

　すべての手続きを終え、精神的にほっとされたのか、実は余命半年と医師から宣告されていたＤさんですが、宣告の時期を２年以上も越えて、やすらかに旅立たれました。

問 病気やケガをして、後遺症が残ったり、歩行が困難になるリスクは高齢になるほど高まります。自宅のバリアフリー化など準備はしていますか？

☐ 玄関が階段なので、車イスでは上がれない

☐ 室内の段差など、そのままにしている

☐ リフォームするにはお金がかかるので思案している

☐ 畳をフローリングにしてスロープをつけ、車いすが利用できるようにしたい

☐ トイレを洋式にして車いすで使用できるようにしたい

☐ 浴室を改修して、段差をなくしたい

☐ 介護ベッドはレンタルしたい

ここがポイント！
介護保険の活用でリフォームを

　ご本人が急な病気や骨折などで入院すると、すぐに介護になるケース、または車イス利用者になるケースが多くなります。

　病院から退院して、在宅で暮らす場合、とくに昔ながらの一軒家などでは、段差だらけの床、急な階段、滑りやす

い浴室、和式トイレなどはたいへん危険です。

公的な介護保険での「住宅改修費」を利用して、リフォームをかんがえましょう。

20万円までの住宅改修費については、要介護度に関係なく、負担割合に応じて払い戻しをうけることができます。たとえば一割負担の方は18万円の払い戻しをうけられます。

事例 **和式トイレから洋式トイレに変えたい**

洋式トイレへの改修はおよそ30万円程度かかりますが、一割負担者の方なら、介護保険で18万円の払い戻しがうけられます。

注意点 リフォーム着工後の申請変更はできないので、かならず事前に申請しましょう。あなたの後見人、担当ケアマネジャーに相談の上、工事の見積もり、完成後の予想図なども添えて、役所の介護保険窓口に届け出ます。

療養型病院 で生活する Dさんをささえた連携図

市町村

地域包括支援センター

ケアマネジャー

市民後見人
NPO法人
後見人センターとちぎ

- 定額送金システム
- 監査
- 指図
- 信託会社
- 指図
- 入金
- 銀行
- 税理士法人

高齢福祉課
福祉事務所
など

介護の手配
介護予防
保健・福祉

身上監護
財産管理

ケアプランの作成

病院
医師・看護師
医療ソーシャルワーカー

訪問診療
訪問看護

療養型病院

理容師・美容師

訪問理容

介護サービス

介護士
ヘルパー

食事・入浴介助
洗髪・オムツ交換
排泄介助
身体清拭・爪切り
通院・着替え介助
外出付き添い

薬剤師による宅配

訪問リハビリテーション

薬局

理学療法士・作業療法士
言語聴覚士

3 障がい者になる

認知症になる

何をするのも
おっくう

ささいなことで
怒りっぽくなった

さっき電話した
ことを忘れて
何度もかける

慣れた道でも
迷う

認知症700万人時代

　現在、認知症の人は全国462万人。厚生労働省の調査によれば、2025年には、その数は730万人に増加し、65歳以上の5人に1人、80歳以上の2人に1人が、認知症を発症すると推計されています。

要介護認定レベル別にみた認知症患者の将来推計
(厚生労働省の全国調査により報告された2012年の認知症患者数で補正後)

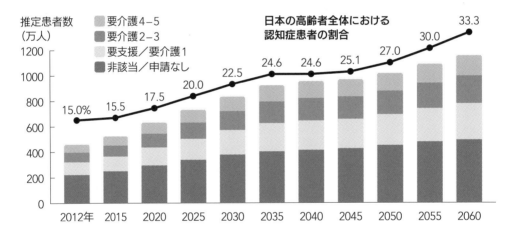

出所：九州大学大学院医学研究院附属総合コホートセンター
二宮利治教授「日本人における認知症高齢者人口の将来推計に関する研究総括研究報告書」

認知症ともの忘れのちがい

　もの忘れは、老化により記憶力が低下することをさしますが、必ずしも病気ということではありません。いっぽう、認知症は、生活するうえで支障が出ている状態の病気のことです。

たとえば、「朝食で何を食べたか」といったことを忘れてしまうのはもの忘れですが、認知症の場合は、「朝食を食べた」こと自体を忘れてしまうのです。

認知症かも？ チェックリスト

「最近、もの忘れが気になる」という人はどうすればいいでしょうか。ご自身あるいはご家族の方が「認知症かもしれない」という気がかりをお持ちの方は、つぎのリストで、チェックしてみてください。

認知症チェックリスト
☐ 財布や鍵など置いた場所がわからなくなる
☐ お金の計算ミスがふえた
☐ 料理が作れなくなった
☐ テレビ番組の内容がときどき理解できなくなった
☐ 昼間はうとうとするのに、夜になると眠れない
☐ 貯金の出し入れや家賃や公共料金などの支払いができない

- ☐ 一人で買い物に行けない
- ☐ 今日が何月何日かわからないときがある
- ☐ バスや電車などを使って一人で外出できない
- ☐ 何をするのも億劫になり、散歩にも出なくなった
- ☐ 高齢の親がいるが、電話を一日に何度も掛けてくるようになった（ご本人の家族）
- ☐ 高齢の親がいるが、「財布を盗まれた」と度々訴える（ご本人の家族）

☑チェック いくつチェックが入りましたか？ 上記のうち、5個以上チェックが入った人は医療機関での受診をおすすめします。身体機能が低下している場合もチェックが多く入る傾向があります。

食事したことを忘れる
自宅を忘れる
暗証番号を忘れる
場所や時間を忘れる
財布・通帳はどこ？

認知症の中で、もっとも発症数が多いのがアルツハイマー型認知症です。代表的な症状としては、記憶障害・意欲の低下・怒りっぽくなるなど。
　ついで脳梗塞（のうこうそく）や脳出血による血管性認知症です。代表的な症状としては、記憶障害・計算力の低下など。

認知症でみられる症状

認知症では、つぎのような症状がみられます。

❶つい先ほどのことを忘れる記憶障害
❷理解・判断力の障害
❸段取りや計画を立てて実行できなくなる実行機能障害
❹日付や自分がどこにいるかの把握が困難になる見当識障害
❺言葉が出てこないなどの言語障害

　さらに、上の症状がもとになり、ご本人をとりまく環境や人間関係によってあらわれる症状が、さまざまにあります。

❶徘徊（はいかい）・暴言・暴力
❷不安・うつ・妄想

4　認知症になる

認知症とおカネ

認知症では、「判断能力が低下したり、不十分な状態になる」とされています。

ここがポイント！
認知症のご本人のおカネをどう守るか

判断能力が衰えたご本人のお金をどう守るか。

高齢者ねらいの詐欺やトラブルで財産を失わないよう、大手金融機関もその対策に乗り出しています。

家族であっても、老人施設の入居一時金と病院での入院手術費以外には払い戻しをさせない解約制限をつけた信託管理もあります。

ご本人の財産を安全に守り、ご本人のために有効に使う——実はこれは非常にむずかしいテーマなのです。

任意後見と財産管理

ご本人にとって、より使いやすい制度として、いま奨められているのが、あらかじめ**任意後見人**を設定しておく**任意後見**です。

任意後見は、ご本人が認知症になる前に、信頼できるNPO法人や家族に、任意後見人になってもらうことを依頼します。

万が一、判断能力がおとろえたときにも、あなた自身が希望する生活スタイルや病気になったときのこと、具体的なサポートについて公正証書でむすびます。

　このとき、あなたのおカネを安全に守りながら、あなたに必要な分だけを使う、**財産管理委任契約**も一緒に結ぶと安心です。どちらも公証役場で手続きすることができます。(くわしくは94–95頁をご覧ください)

任意後見人のしごと

- **子と離れて暮らしている**

最近認知症が進んできたので施設入居を考えている

- **障害者と暮らしている**

将来、信頼できる人に見守りや福祉介護の手続きをお願いしたい

- **夫婦2人暮らし**

子どもがいないので、安心できるところへ財産の管理などをお願いしたい

- **ご本人の生活状態を見守る**

ご本人の自宅を定期的に訪問、ご本人の健康状態や生活状況を確認

おもな仕事はふたつに分けられる

身上監護	見守り、介護保険の申請・手続き、介護サービスの契約、福祉介護サービス利用料の支払い、入院の手続き、入院費用の支払い、老人ホームへの入居手配、契約など
財産管理	預貯金・年金・金融資産などの管理、自宅など不動産の管理や売却、税金・社会保険料、公共料金の支払いなど

ケース❸
一人での自立生活が難しい
75歳Bさんが
グループホームに
入居するまで

「一人暮らしは
むつかしい」
ご主人が亡くなり、
一人での
自立した生活が
むずかしい。

「公共施設でも
身元保証人が必要」
施設はみつかったが
後見人がいない。

「預金がない」
年金のみで
たくわえは少ない。

夫に介護されながら二人暮らし

　女性のBさん、75歳。家事や身の回りのことをするのに不安があり、情緒面でも、完全に自立して生活する能力は不十分な状態にあります。これまでは80歳のご主人と二人で暮らしていました。

　そのご主人が亡くなりました。

「後見人センターとちぎ」と地域包括ケア施設の連けいで支援

　Bさん夫婦によりそい、介護支援をおこなっていた介護事業所のケアマネジャーも悩む中、地域包括ケアを担う施設のケアマネジャーより、当面は施設のショートステイを利用しつつ、グループホームに空きが出たらそこに移るというライフプランが提案されました。ただし、入所のさい、後見人が必要です。

　「後見人を引きうけてもらえないか」との連絡をいただいて、「後見人センターとちぎ」はBさんとお会いしました。

ご本人と共にライフプラン作成

　Bさんの希望は、つぎのようなライフプランでした。

❶一人暮らしであり介護が必要になったため施設に入所したい。
❷病気になったら病院で治療を。その間の世話については、施設に委任したい。延命治療はしないで下さい。
❸自分で判断できなくなったとき、施設の介護支援員と「後

見人センターとちぎ」に委任したい。
❹死後の葬儀・埋葬については「後見人センターとちぎ」に依頼したい。

このライフプランにもとづき、Bさんと結んだ契約は、

「継続的見守り契約および財産管理等委任契約」
「任意後見契約」
「死後事務委任契約」
「尊厳死宣言書」
「遺言書」

現在、Bさんは、グループホームでの生活を心穏やかに過ごしておられます。

在宅から介護施設へ

市町村

地域包括支援センター

ケアマネジャー

市民後見人
NPO法人
後見人センター
とちぎ

高齢福祉課
福祉事務所
など

介護の手配
介護予防
保健・福祉

定額送金システム　監査　指図

信託会社

指図　入金

銀行　税理士法人

身上監護
財産管理

ケアプランの作成

病院
医師・看護師
医療ソーシャルワーカー

高齢者施設

訪問診療
訪問看護

理容師・美容師

訪問理容

薬剤師による宅配

薬局

介護サービス

介護士・ヘルパー
食事・入浴介助・洗髪
オムツ交換・排泄介助
身体清拭
爪切り・通院
着替え介助
外出付き添い

5 任意後見契約 あなたの意思を大切に……

できるだけ気がねなく暮したい

私の人生のライフプランだから

「もしも」「いざ」という時はお願いね

私のお金を安全に使ってほしい

いま注目される任意後見制度

　3人に1人が75歳以上の後期高齢者となる2025年を目前に、厚生労働省は、**在宅介護をすすめる**との指針をしめしました。

　在宅でひとり暮らしの高齢者は、すでに600万世帯を突破しています。ひとり暮らしのお年寄りが、認知症になったとき、がんなどを患ったとき、どうすればよいのでしょうか？

　そのなかで今、注目されているのが、ひとり暮らしのお年寄りが、安心・安全に暮らせるようサポートする「後見人」です。

不自由になったり、認知症になったとき

様々な手続きや金銭管理

　いま脚光をあびているのは、あなたをサポート（後見）する人を、認知症や障がいなどにより、自分で判断することがむつかしくなったときに、あなたが元気なうちにえらんでおく「任意後見制度」です。

元気なうちに自分の判断で決める

任意後見人が自分の意思を実現してくれる

国の法律であなたを守る

　お年寄りが、安心・安全に暮らせるようサポートする**「任意後見」**は、国の法律によって、後見される人（おじいちゃん、おばあちゃん）を守るしくみです。

　この制度を利用すれば、

判断能力があるうちに、見守り、支援してくれる人を選ぶ

やってほしいことを決めておく

「誰に」
「何を」
「どのようなことを」

　支援してもらうのかを、あらかじめ、あなたの意思で決めておくことができます。

　そして、判断能力が不十分になったときの生活とお金のことを、前もって、あなた自身がお願いしておく人が**「任意後見人」**です。

どんなことを頼めるの?

たとえば、つぎのようなことをお願いできます。

生活・金銭管理サポート

- 身体が不自由になったときの身のまわりのサポート
- 介護認定や福祉サービスなどの手続きのお手伝い
- 安否確認
- 病院受診、買い物などの付き添い
- 税金や公共料金、介護・施設費の支払いなど金銭管理
- 保有財産の確認、資金管理、不動産・家の売却
  (※信託会社、税理士・後見人センターとちぎの3社でおこなう)
- 自宅を処分して施設に入所するさいのお手伝い

施設入居・入院のさいの保証・身元引きうけ人

入院・治療が必要になったとき、介護施設に入所したくても、支払いの保証人になってくれる人、「もしも」のときの身元引きうけ人がいなければ、施設や病院にうけ入れてもらえない現実があります。

- 病院の入院・治療のさいの身元保証
- 老人施設に入居するさいの保証

エンディングサポート（108頁参照）

- みとり
- 亡くなったときのご遺体の引き取り・安置
- 亡くなったときの親族・友人への連絡
- 宗教者との打合わせ
- 亡くなった後の通夜・告別式・火葬・納骨
- 喪主代行
- 生前の希望にしたがって
  改葬（元気なうちに）・納骨・供養
- 納税・行政官庁への届け出
- 医療費・施設費の精算
- 家財道具・遺品整理、施設や病院の残置物の整理・処分
- 自宅不動産の処分
- その他、遺言書にかかわるサポート

公正証書で結ぶわけは

公正証書は公証役場で公証人に作成してもらう書面。その内容は法律によって保護されます。

公正証書契約とは?

任意後見は、公正証書で契約します。法務局に登記されるため、任意後見人は、契約を守る法的義務が生じます。

任意後見のスタート時には、任意後見人を監督する監督人が選任されます。

公証役場において作成される

法務局に登記され、信用性が高い

家庭裁判所が選任した任意後見監督人が任意後見人のしごとをチェック

任意後見契約Q&A

●エンディングのこともお願いしたい

質問1 私は自分の葬儀や納骨・供養については、任意後見を通じて、葬儀社に依頼して、自分の希望通りにしたいと思っています。任意後見契約ではどんなことを決めてもいいのですか？

答え 法律の主旨に反しない限り、両者の間で決めることができます。生前に死後事務委任契約および遺言書契約を結んでいれば、ご本人が亡くなったときにも、ご本人の希望にそってエンディングの諸事に対応してもらうよう決めることができます。

●私のお金を安全に守ってほしい

質問2 任意後見人に貯金通帳やハンコを渡してしまうと、代理権者として私の預金を使い込まれる心配はありませんか？

答え 後見人は依頼者の財産を守ることがしごとですが、たしかに後見人がご本人の貯金を費消する事件は、少なくありません。トラブルなく行う、安心安全のしくみが必要です。

私たち「後見人センターとちぎ」のシステムをご覧ください。その財産管理システムのポイントは4つです。

❶大きな預金は信託会社に預ける。
❷銀行の定額送金システムを利用して、毎月の生活（施設費）に必要な経費以外は支出しない。

❸「後見人センターとちぎ」に対し、年三回の監査を税理士事務所が行い、ご本人の貯金通帳ほか資産が費消されていないかをチェックして、ご本人に報告する。

❹施設入居費や手術費など、まとまったお金が必要なときでも、任意後見人は一人で勝手におろすことはできません。信託会社に預けたお金は税理士事務所と後見事務所二社の指図がなくてはおろせないしくみにしています。（右図）

●**任意後見人が本当に親身になってしてくれるの？**………………

質問3　契約すること自体に不安があります。公正証書に結んだ内容通りにしてくれない場合、任意後見契約を途中で打ち切ることはできますか？

答え　もちろんできます。家庭裁判所によって任意後見監督官が選任された後は、本人・家族・監督官の請求で解任することができます。「任意後見信託ノート」39頁をご覧ください。

●**任意後見がスタートするまでの見守り支援**………………

質問4　任意後見契約がスタートするまで何もしてもらえないのですか？

答え　そんなことはありません。任意後見契約をされる多くの方が、後見がスタートするまでの対応として「見守り及び財産管理委任契約」をセットで結んでおられます。訪問や電話で心身の状況を確認したり、ご本人の相談ごと、医療機関受診のつきそいや緊急時にも対応します。とくに今後、在宅でケアをうけるおひとり様が増加するなかで、高齢者の安全を守り、生活を見守る支援のあり方として、注目されています。

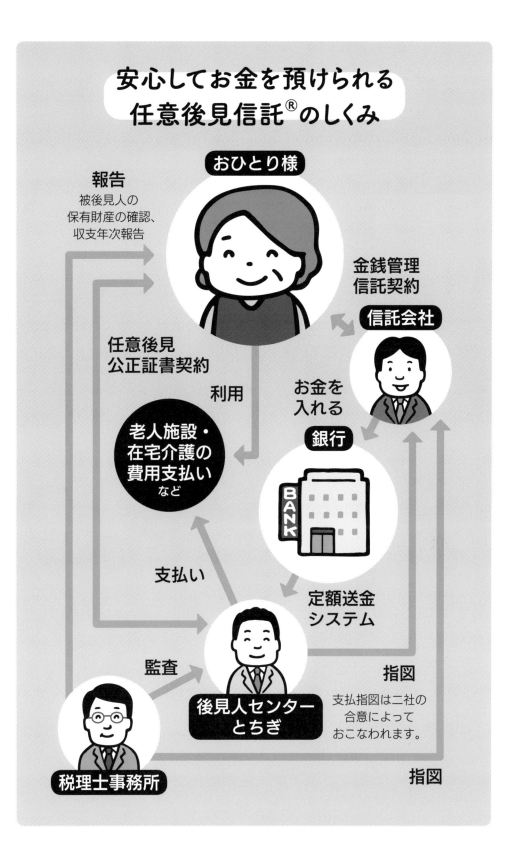

不利な契約に
なるか不安

信頼できる
人がいなく
なったらと不安

●**見守り支援契約とは？**……………………………………………

　任意後見契約を結んだときには、ご本人に判断能力がありますが、じっさいに後見がスタートするのは、ご本人の判断能力が衰えてから。「見守り支援契約」は、任意後見がスタートするまでのあいだ、支援する人がご本人を定期的に訪問したり、電話などで連絡を取り合ったりして、心身の状況を確認する委任契約です。ご本人の緊急事態にも対応することができます。

　任意後見契約をされる多くの方が、後見が発動されるまでの対応として「見守り支援契約」をセットで結んでおられます。このあいだに、ご本人と任意後見人は、信頼関係を築いていくことができます。（その間に任意後見契約を解除することもできます）。

●**安心してお金を預けられる新しいしくみ**……………………

　「後見人センターとちぎ」は、法人の任意後見人として、被後見人の生活（身上監護）とお金のこと（財産管理）にたずさわります。財産管理においては、依頼者のお金を守り、絶対にトラブルのないよう、銀行の定額送金システムを利用します。

金銭管理に不安

健康や病気への不安

話し相手がいない

ここがポイント！
任意後見はいつからスタートするの？

　任意後見では、家族や親族、後見人センターなどの法人団体が**任意後見人**となって、ご本人の判断能力が不十分になったさい、**身上監護**と**財産管理**をになうことになります。あらかじめ**公正証書**によってむすばれ、ご本人の判断能力が不十分になった場合、医師の診断書をもって、家庭裁判所に任意後見開始の申し立てをします。任意後見をスタートするのは、家庭裁判所が後見人を監督する**任意後見監督人**を指名してからになります。

銀行の「定額送金システム」と信託会社の併用で、資産を守り、安全に使う

●「定額送金システムが絶対安全」といわれるわけは？

　被後見人の財産を守るため、後見人センターとちぎは、つくば銀行と提携し、独自の財産管理システムをおこなっています。

　それは、毎月の決められた金額をこえて銀行から引き出すことができないシステムです。
　たとえ親族でも、勝手に引き出すことはできません。
　後見人センターとちぎと財産管理契約を結んでいる被後見人の毎月の生活にかかる費用を、一定額に定め、それ以上は引き出せないように決めます。

　たとえば、ある高齢者の場合、施設費支払い・医療費・消耗品費・ご本人のお小遣いなど、あわせて上限16万円とし、その16万円のうちから、あらかじめ取り決めた使途に毎月、後見人センターとちぎが支払いをします。

　この「定額送金システム」によって、高齢者が毎月の請求に悩まされることなく、銀行に預けたあなたのお金を、安全・安心に使うことができます。この定額送金システム

はご本人が亡くなるまで実行されます。

●**信託会社で資産管理、銀行の定額送金システムで安全に**
　さらに後見人センターとちぎは、被後見人の財産を守るため、大きなお金は、信託会社（山田エスクロー信託会社）に預け、厳重に資産管理をおこないます。

　さきにみたように、「後見人センターとちぎ」は、資産管理を専門とする信託会社と、銀行の定額送金システムの利用によって、被後見人の財産の安全を担保しています。
　たとえば、つぎのような例です。

1200万円をお持ちの方

❶ 1000万円 ➡ 信託会社（山田エスクロー信託会社）

❷ 200万円 ➡ 銀行（つくば銀行）

❶について

1000万円を信託会社に預ける（利子は付きません）。

❷について

200万円を銀行に預け、「定額送金システム」を利用して毎月の必要経費（生活費・介護費など15万円程度）を銀行からうけ取る。ご本人の年金収入も同じ通帳に記帳する。

施設入居や手術、長期入院などに大きな出費が生じる場合は、信託会社からお金をおろします。「後見人センターとちぎ」と「税理士事務所」の２社の指図がないとお金をおろすことはできません。

お金の管理が被後見人のため正しくおこなわれているかどうかを税理士が年３回、監査して被後見人に報告します。

自宅で介護をうける

　さて、ここまで、4つのキーワードから、人生の折り返し地点からその後にそなえる準備をみてきました。
　75歳以上の方を後期高齢者といいますが、80歳をこえて、比較的重い病気もなく、在宅で暮らしている方はたくさんおられます。

　在宅で高齢生活を送るCさん（男性）は、自宅マンションに一人暮らしです。

ギリギリまで自宅で暮らしたい……

　Cさんは要介護1。認知症もなく、杖をついて歩くこともできます。
　私たち「後見人センターとちぎ」が、Cさんの任意後見契約をさせていただくことになったのは一年近く前。
　「施設にはまだ入りたくない、動けなくなるまでは住みなれたマンションの自室で過ごしたい。体調や精神面、生活面に不安があるので、自分を見守ってほしい」というご本人の強い希望からでした。

　「後見人センターとちぎ」のスタッフが、月二回、訪問してご様子をうかがい、お話しをし、体調の確認、薬をのんだ日などを確認します。Cさんは定期的に病院を受診しますので、そのさいには付き添いもします。

訪問看護と訪問介護を利用して

　地域包括支援センターのケアマネジャー、看護ステーションの訪問看護師にもCさんの様子を説明して、体調の報告と処方薬についてみてもらっています。

　近ごろ心配なのは、Cさんの食欲がおちていること、脚が弱って自力歩行が不安定になっていることです。定期訪問でうか

がったさい、手首に包帯がまかれてあり、聞けば室内で転倒して手首を痛めたとのこと。

訪問看護師さんは看護ステーションから週1回、Cさんの体調管理・栄養管理のほか、入浴補助もしてもらいます。介護事業所からきていただくヘルパーさんは週二回。買い物や食事、洗濯など手伝っていただきます。

ここがポイント！
訪問看護とは

訪問看護は、できうる限り自宅で自立した日常生活を送ることができるよう、看護師などが自宅を訪問し、主治医の指示にもとづいて療養上の世話や診療の補助を行います。血圧、脈拍、体温などの測定、病状のチェック。排泄、入浴の介助、清拭（せいしき）、洗髪、リハビリテーションなどにより、利用者の心身機能の維持回復などをはかります。

Cさんの今後──自宅をどうするか

Cさんは、できるかぎり長く自宅に暮らしたいと思っていますが、身体が動かなくなれば、今のマンションを売却してその資金をサ高住（サービス付き高齢者住宅）に入居する資金に充てることも考えておられるとのことです。

施設選びのポイントは

　数多くある施設から、ご本人が求めるサービスにかなう施設をえらぶのは、現実にはなかなかむつかしいこともあります。
　Cさんもサービス付き高齢者住宅に体験入所して、デイサービスを体験されましたが、施設選びにさいして、私はかならず、施設体験をされるよう、お奨めしています。
　さて、預貯金のたくわえの少ない方、年金収入によって一人暮らしをされている方には、こんごの安心・安全をはかるうえで、意思能力の明確なときに、自宅の整理（売却）の準備をすることも選択肢の一つにいれましょう。（→ 7 家の処分）

お墓参り

　先に亡くなったご家族のお墓参りをかかさないCさん。そのさいは、もちろん私たち「後見人センターとちぎ」も同行します。時折、外出して、私たちとランチも一緒にしながら、会話を楽しんでいらっしゃいます。
　定期的に受診して薬をもらう以外、とくに重篤な病気もなく、訪問看護・訪問介護・ケアマネジャーの皆さんの力で、過ごしておられます。
　「旅立ちのその後」のことも、私たち「後見人センターとちぎ」に依頼され、おこたりなく準備をと考えているCさんの今日この頃です。

家の処分

相続で
もめてほしくない

相続でもめない

生前
（元気なうち）に

税控除が
うけられる

空き家に
ならない

自宅を売って施設に入る

　あなたがおひとりさまの場合は、老人施設や療養型病院に入所するタイミングで、あなたの住まう家と土地（居住用不動産）を、あなた自身が元気なとき、判断能力があるときに、処分されることをお奨めしています。そのメリットは、大きく3つです。

家と土地は残さない!!　そのメリット

　1つは、売却した利益から、税控除がうけられる。
　2つめは、売却して現金化しておけば、相続人のあいだでの揉めごとが起こりにくい。
　3つめは、空き家にならない。

　たとえば、あなたが介護施設などに入所する場合は、認知症になる前に不動産を売却（解体）し、資産を整理したうえで遺言を作成することで、相続人が揉めることなくスムーズに相続できます。

　なお、「認知症によって判断能力がなくなった」と判断された方の自宅を処分する場合、それまでに任意後見契約をされている方は、家庭裁判所により任意後見契約発効が認められたあと、

後見受任者が主体となって、家庭裁判所に処分許可の申し立て手続きをおこないます。そのさい、「家の売却後、ご本人がどこに住むのか?」があきらかにされていることが、ポイントの1つになります。

くわしくは『わかりやすい!?「後見制度」と「不動産取引」』（宮内康二著、住宅新報社発行）をご覧ください。

ここがポイント!
リバースモーゲージとは?

いま話題の高齢者対象のリバースモーゲージ。ひとことで言うと、生きている間は自宅に住みながらリバースモーゲージで借りたおカネで生活をして、亡くなったあとに自宅を返済に充てるしくみです。生前に融資額を返済することも可能です。

メリットとしては、少ない年金しか収入がないという高齢者でも毎月の生活費を圧迫することなく融資をうけることができ、生きている間は住む家もなくならない点です。「自分が生きている間は自宅を手放したくない」という人には活用しやすいですが、ただし、リバースモーゲージの場合、担保評価価格の半分から3分の1程度までしか融資に応じてはくれないなど、注意点があります。

首都圏にお住みでない方、老人ホームに入居する資金が必要という

方(住宅を相続させる必要がない方)の場合は、まず先に、住宅の売却金額の査定をすることを、お奨めします。

任意後見
自分の人生を自分で決めて託す

　高齢者を守る国の制度としてスタートした**成年後見制度**。この制度を利用される人は年々増えています。

　もし、あなたが、認知症などで判断能力が不十分になったとき、誰に、何を、してほしいですか？

　在宅で介護をうけていても、月に一度は買い物や外食を楽しみたい、旅立ちの前には遺品整理をこのようにしておきたい、自分のお金をどのように使うかも決めておきたいといった希望がある方は、任意後見契約をされておくことを私はおすすめします。

　なぜなら、この制度によって、自分の今後のことを**誰に**頼みたいか、**何を**頼みたいかも、あらかじめ自分で決めておくことができ、その内容は国の法律で守られるからです。

自分らしい旅立ち

自分の意思を大切に

納得して旅立ちまでを過ごしたい

終末期の医療———ターミナルケア

　近ごろは在宅で「旅立ち」を迎えたいと願う方がふえています。

　病室であれ、ホスピスであれ、在宅であれ、終末期をできるだけふだん通りに過ごしていただくことが大切だと私は思います。

終末期をどこで過ごしたいか？

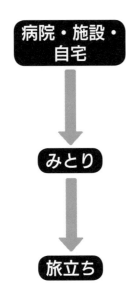

容態が急変した場合、自宅から病院搬送する選択もある。

病院においてはご本人の希望にもとづいたターミナルケアプランを医師・看護師・医療ソーシャルワーカーとの連けいで立てられます。家族のいない方は任意後見人が仲立ちし、ケアマネジャー等と連けいして種々のサポートをすすめます。

 問　あなたは最期(さいご)をどこで迎えたいですか？

☐　病院で

- ☐ 病院で。ただし相部屋でなく個室で
- ☐ 介護施設の個室で
- ☐ どこでも良い
- ☐ 自宅で

尊厳死宣言書

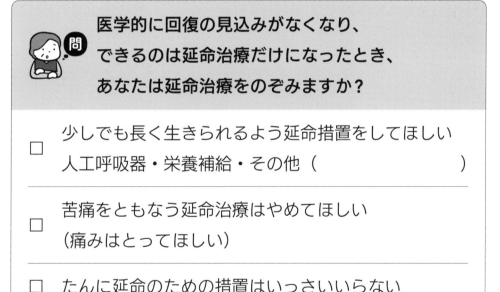

●**尊厳死宣言とは**

　「リビング・ウィル」とも呼ばれ、病状が、不治、かつ末期になったとき、自らの意思で延命措置を差し控え、またはやめて

もらい、「尊厳死を望む」ことを医師に提示する「意思表示の書面」のこと。

●尊厳死宣言書

尊厳死にかんする法律がない日本では、「尊厳死を望む」宣言書があっても、そのとおり実現される保証はありません。現状では医療同意ができるのは家族だけ。動揺する家族から「そんな文書は無視して少しでも長く生かして」といわれ、現場の医師が困惑することもあるようです。

しかし、末期状態になって尊厳死宣言書を提示された場合、95％以上の医療関係者が本人の希望をうけ入れたという報告もあります。
「いざその時」のことを、あなたはどう考えていますか？

●おひとり様が活用したい公正証書

家族がいるあなたは、「いざその時」のことを充分話し合っておく必要がありますが、「おひとり様」の場合は、どうすればいいのでしょう。

意思疎通できない状態になったとき、これまであなたのことを見守り、様々なサポートをしてきた後見人に、「延命だけの治療はしないでほしい」と話していただけでは、医師にあなたの意思を伝えられません。ご家族以外は医療同意の権限を持っていません。

そのような場合にそなえておくと良いのは、**尊厳死宣言公正証書**です。延命治療などにかんするあなたの希望について、尊厳死宣言書を公正証書にして後見人に託します。
　その書類があれば「あなた本人の意思」を周囲に説明することができます。医療の現場では、最終的には医師の判断にまかされますが、これによって、あなたの意思がうけ入れられる可能性が高まります。

「旅立ち」のとき

　死は万人に平等に訪れますが、あなたが「穏やかな死」「安らかな死」を迎えるためには、やはり準備は必要です。

「どこで、いつ死んだってかまわない」
「孤独死のなにが悪いのか？」

　という方も、もちろんおられるでしょう。
　ですが、葬儀社をいとなみ、一万人以上の方を見送らせていただいた私の体験からいうと、「旅立ちの準備」をおこたりなくおこない、「心穏やかに旅立つ」方は、自分を主人公として生ききったと感じます。

「死」と「生」は連続しています。「死者はあの世で、先に逝った人とともに生きている」というのが、私の「死生観」です。

だからこそ、混乱したまま「死」を迎えるのではなく、納得して「旅立ちのとき」を迎えていただきたいのです。

●「旅立ち」その日──「ご遺体はどこに帰りますか?」

では、あなたの「旅立ち」の直後、どんなことがあるのでしょうか?

❶ご本人の死亡の確認

通常は医師。ただし誰もいないところで亡くなった場合は警察による解剖が行われ、死体検案書が作成されます。

❷遺体の安置

病院で亡くなったときはご遺体の処置を看護師がしてくれ、その後、霊安室に運ばれます。

その後は、次頁にみるように、旅立ちから葬儀の流れになります。

旅立ちから葬儀までの流れ

1 葬儀の主催者となる「喪主」を決める

- 葬儀は「この世」から「あの世」にあなたを送りだす宗教儀礼です。
- あなたの「旅立ち」を知らせたい人が数人でもいるのなら、豪華なものでなくても葬儀をして、きちんとお別れすることが望ましいでしょう。

2 葬儀社に連絡

- 病院では長くご遺体を預かってくれません。「遺体の搬送先（安置場所）はどこか?」と聞かれます。

3 ご遺体の搬送・安置

- 安置場所は？　自宅？　葬儀会館？（アパートなどでは遺体安置を拒否される場合も）
- 搬送するための霊きゅう車の手配

4 病院（医師）から「死亡診断書」をもらい、「死亡届」を市町村役所に提出

- 「死亡届」が受理され、「火葬許可証」をもらう。

5 宗教者に連絡

- 葬儀依頼、戒名（どんな方だったかを聞いて決めます）、初7日、35日をどうするか、お布施の額を決めます。

6 葬儀社との打合せ。葬儀場と火葬場の予約

- このときまでに葬儀の日程と規模を決めます。
- 葬儀に来てもらう人に知らせます。
- 来場者の交通手段・精進料理（通夜ぶるまい・精進おとし）の内容・引き物なども決めておきます。

7 納棺

- 故人の身なりを整え棺へ納めます。あの世への旅支度をします。

8 通夜

- 故人の思い出を語り合い、死をうけ入れるのに必要な時間です。

9 葬儀・告別式、出棺

- 葬儀とは「この世からあの世に送りだす儀式」。亡くなったことを死者にさとってもらうため宗教者によって執り行われる儀式です。
- 告別式では、亡くなったご本人と、家族・親族・友人・知人がお別れします。

- 出棺では、喪主、遺族、参列者の順で棺に生花を入れ、合掌します。

10 火葬（収骨）

- このとき宗教者に立ち会ってもらい読経していただく場合もあります。
- お骨上げ（遺骨箱に骨を収容）のあと、繰り上げ初七日の供養をする場合が多い。

11 納骨

- 35日、49日の法要後に納骨する場合が多い。
- お寺の墓地に埋葬する場合は宗教者の立ち合い、許可が必要。
- 公営墓地の場合は埋葬許可証が必要です。

12 永代供養にかんして

- 永代供養とは、お墓を守る身内がいない場合や、さまざまな事情で供養し続けることが難しい場合に、寺院や霊園などが遺骨を預かり、供養・管理し続けてくれる納骨方法のこと。
- 供養では、宗派を問わず1周忌、3回忌、5回忌、7回忌、13回忌、あるいは1年祭、3年祭、5年祭、10年祭など。毎年法要をおこなう場合もあります。

8 自分らしい旅立ち　115

13 永代供養を託す

- 「後見人センターとちぎ」では、任意後見契約をむすんでいるご本人との間での、「死後事務委任」と「遺言書」契約のなかで、ご本人の永代供養の法要をお手伝いします。

このチャートでみるように、あなたの「旅立ち」の後にも、遺族や関係者がしなければならないことがあります。

あなたを見守ってくれた「任意後見人」のしごとは、あなたの死でおわりますが、「その後」についても、前もって「**死後事務委任**」としてお願いしておく人が、ふえています。

葬儀のあとに

何を、いつまでに、しなければいけない?

　お葬式は一段落しても、行政官庁での手続き、年金や保険、申告納税、遺品整理、相続、家財・自宅処分(家の解体)など、さまざまな手続きがまっています。故人の近くの役所ですませられるのはごく一部です。

　年金事務所・全相続人に関係する役所・銀行・法務局・裁判所・税務署……膨大な死後の手続きに対応しなければいけません。

　あなたが旅立った「その後」についても、前もって**「死後事務委任」**として、あなたのことをよく知り、行政手続きの対応に精通した「任意後見人」に、引き続きお願いしておくと安心です。

　では、亡くなった直後にすることから順にみていきましょう。

行政官庁の手続き

1 死亡届(死後7日以内に役所に提出)

- 死亡届は、死亡を確認した医師が書いた死亡診断書(死体検案書)と1枚つづりになっています。

- 死亡届は、葬儀社が代行してくれます。

2　火葬・埋葬許可証

- 死亡届を提出すると発行されます。

3　戸籍

- 死亡届を提出すると戸籍から除籍され、**「除籍謄本」**を発行してもらうことができます。
- 婚姻関係終了届（期限なし）

4　住民票の抹消

- 死亡届の提出と同時に抹消されます。
- 住民登録が抹消された「除票」をうけ取ります。
- 故人が3人以上の世帯で暮らしていた場合は世帯主変更届を提出する必要があります。

5　健康保険の資格喪失手続き

- 国民健康保険（75歳未満の方）
- 後期高齢者医療保険（75歳以上の方）
  上のどちらも、保険料を前納するしくみになっているため、前もって払い込んでいる方が多いので、申請して、納めすぎている金額の還付をうけとることができます。
- 被保険者の資格喪失により、葬祭費の受給資格ができ、葬儀費用の一部が申請により受給できます（健保組合に加入している方は本人・扶養家族とも資格ができる。2年以内に申請）。

- 社会保険

  故人が会社員の場合、勤務先の協会けんぽには5日以内に届け出ます。ただし、故人に扶養されていた家族が、死後もその保険証を使い続ければ、保険料が追加徴収されるので、要注意です。
- 高額医療費については、故人の法定相続人が、相続財産として還付金をうけとることができます。相続申告（10ヵ月以内）のさいに申請するといいでしょう。

6 介護保険の資格喪失手続き

- 介護保険は天引きされている場合が多いため、資格喪失届をださないと還付金がうけ取れません。

7 年金の受給権者死亡届

- 国民年金は10日以内、厚生年金は14日以内に、年金事務所に届けます。遅れると、年金の過払いが発生するので注意しましょう。手続きをしなければ、死後も年金が口座に振り込まれることも起こりますが（ふつうは銀行口座が凍結される）、悪質と見なされると、詐欺罪に問われることもあります。

8 年金による給付のうけ取り

- 遺族基礎年金・遺族厚生年金（亡くなった方の年金納付状況および家族の状況による）

- 寡婦年金（死亡から5年以内／まだ年金受給年齢に達していない夫が亡くなったとき、夫の老齢年金の4分の3をうけ取る／遺族基礎年金をうけ取る場合は支給されません）
- 死亡一時金（2年以内に申請／遺族基礎年金をうけ取る場合は支給されません）

ここがポイント！
遺族基礎年金を受給できる人は?

　遺族基礎年金を受給できる方は、亡くなった人に生計が維持されていた「子どものいる配偶者」、または「子ども」です。あくまで「18歳未満の子のある配偶者」と「子ども自身」が対象であるため、子育て世代の子どもがいなければ支給されません。

　それに対して、亡くなった方が厚生年金に加入していた場合の遺族厚生年金は、子どもがいなくても配偶者に支給されます。ただし、保険料納付期間が国民年金加入期間の3分の2以上であることなどの条件があります。

　くわしいことは、あなたが住まう地域の年金事務所で直接おたずね下さい。

9 葬儀のあとに

すみやかに解約する必要があるもの

1. クレジットカードを解約する
   （各カード会社に連絡して止める）

2. 水道（清掃後、解約または契約者変更届）

3. 電気（清掃後、解約または契約者変更届）

4. ガス（解約または契約者変更届）

5. 固定電話（解約または契約者変更届）

6. 携帯電話（各社窓口）

7. インターネットのプロバイダー（各社連絡後解約）

8. NHK、ケーブルテレビなど放送受信料契約
   （各社連絡後解約）

9. 住居・駐車場の賃貸契約解除

- 故人が賃貸に住んでいれば、まずは「賃貸借契約書」の確認を。賃貸借契約書には、違約金・解約条件・退去日などルールが細かく記載されています。特に退去日と家賃の項目は要チェックです。

退去日までに残置物の撤去と清掃をします。鍵の返還もおこないます。特別清掃が必要な場合は、相応の費用がかかります。

10 個別の契約の解除

- 健康食品などの通販、宅配、雑誌購読、スポーツクラブ・カルチャーセンターなどの会費をカード払いにしている場合、クレジットカードを止めても個別の契約が解除されるわけではありません。引き落とし明細を確認して、個別に連絡を入れて解除しなければなりません。
- 銀行通帳なども確認し、定期的に引き落とされている項目は、すべてチェックしましょう。

返還・廃止の手続き

1. 印鑑登録証明の廃止
2. 雇用保険受給資格者証の返還（会社員の場合）
3. 運転免許証・パスポートの返納
4. 身体障害者手帳の返却

銀行口座凍結の手つづき

1. 故人の預貯金がある銀行に連絡して銀行口座の凍結をする。預貯金は遺産分割の対象となるので払い出しを原則停止します。（すべての法定相続人の共有財産となるため）

2. 葬儀費用・医療機関の支払いについては必要書類を用意して「払い出し」の手つづきをします。

支払い

1. 施設・医療機関の支払い
2. 所得税準確定申告（死後4カ月以内が期限）

- 確定申告の必要がある方（自営業者、年収2千万円以上の方、医療費が高額だった方）がなくなった場合、相続人が代わりに申告します。亡くなった年の1月1日から死亡日までの所得申告書を提出。このとき、生命保険料や医療控除証明書を添えて申告します。

生命保険——各保険会社

故人が生命保険に加入している場合でも、それを身近な人に伝えていないことがしばしばあります。民間保険の時効はご本人の死後3年です。

1 死亡保険金請求（3年以内）

2 医療保険金請求（3年以内）

3 火災保険請求

4 クレジットカードに付いている保険
（ケガや病気の治療費、傷害死亡保障がついている場合がありますので、解約時に内容をチェックすることを忘れずに）

遺品整理・家財処分、相続

自宅処分はできれば生前に

遺言書で"争続"をさける

財産にはマイナスの負債も

じぶんの意志を明確に託す

相続のルールが変わる

民法改正により、2019年1月から遺産相続にかかわるルールが変わりました。ポイントはいくつかあります。

❶自宅を所有している夫が亡くなっても、その配偶者が居住権をもち課税対象金額も少なくなります。「妻有利」となるルール改正です。

❷法定相続人（被相続人の配偶者、子、親、兄弟姉妹）ではない親族、たとえば親と同居していた長男の妻が、被相続人の介護や看病に貢献した場合は金銭を請求できるようになります。ただし、親族以外の方に相続させたい場合は、従来通り、遺言書が必要です。

相続のてつづき

相続にかんする手続きは、次のような順になります。

1 遺言書の検認

- 自筆証書遺言は、勝手に開封してはいけません。家庭裁判所がおこないます。公正証書遺言であれば検認の必要はありません。
- 公正証書遺言は公正役場に原本が保存され、紛失・書き換えなどのトラブルを防ぐことができます。

2 遺言執行者の選任

3 相続人の確定

4 相続対象財産の確認と調査

- 預貯金（相続）
- 生命保険（相続財産には含まれない場合もあります。）
- 有価証券（相続）
- 土地・建物（相続）
- 自動車・バイク（相続または廃車）
- このとき故人にマイナスの負債がある場合はご本人の死後三ヵ月以内に、「相続の放棄」ができます。この期限の前に財産を処分したり、受取請求してしまうと、相続放棄が認められなくなるので、要注意です。

5　相続人全員と遺産分割協議

- 遺言書がない場合、故人の家を含めた全財産について遺産分割を行います。

6　遺産分割協議書の作成

7　遺産分割と相続税の申告・納税

- 財産総額が基礎控除額を超えた場合は相続税申告をおこないます。

ここがポイント！

株券の電子化、ネット証券に注意

　いま、紙の株券はすべて電子化され、証券代行会社に保管されています。古い株券がみつかったときは、証券代行会社に確認しましょう。またネット証券の場合、証券口座へのログインパスワードがわからないことがあります。また、故人のパソコン自体のパスワードがわからず、被相続人の証券口座などが確認できないことも起きていますので、注意してください。

相続てつづきにあたって故人にかんする必要書類

1. 戸籍謄本
   （除籍謄本・改正原戸籍・現戸籍）
2. 住民票の除票
   （1人世帯の方が亡くなった場合）

相続人となる人の必要書類

1. 法定相続人全員の戸籍謄本
2. 相続人全員の印鑑証明と実印
3. 相続人の住民票
4. 固定資産評価証明書
5. 相続する物件の登記簿謄本
6. 銀行口座の残高証明書

納税などおさめるもの

① 相続税
（財産を相続した人がはらいます）

② 登録免許税
（不動産の相続や贈与をうけた人が登記するさいにおさめます）

③ 所得税

④ 住民税
（市県民税・都民税・府民税）

⑤ 国民健康保険料
（後期高齢者医療）

⑥ 介護保険料・年金保険料
（介護保険・年金保険は前納制の場合が多い）

⑦ 固定資産税
（毎年1月1日時点で土地・家屋の所有者として登記されている人に課税されます。亡くなった方の納税分は、相続した人がはらいます）

遺品整理

●**遺品整理をはじめる前に**

　遺品には、廃棄処分する雑貨・家財だけでなく、相続や法手続きにかかわるものもあります。遺品整理は財産管理ともかかわるため、遺族以外は、死後事務委任契約を結んでいる人でないと勝手にはできません。しかも、いざ片づけしようにも、物の多さに圧倒され、何から手をつけてよいのか、わからなくなるケースがあります。

4つのポイント

1　故人の財産・相続・法手続きにかかわるものを把握

- 印鑑
- 銀行の通帳、キャッシュカード
- 土地や家など不動産の権利関係書類
- 年金手帳や年金に関する書類
- 生命保険、損害保険など加入している保険に関する書類
- 有価証券、金融資産に関する書類
- 借入金に関する書類、契約書、証文など（住宅ローンや借金などがないか確認）
- 貴金属や金塊など資産価値の高いもの
- 健康保険証、運転免許証、パスポート

- 電気、水道、ガスなど公共料金の領収書ならびに請求書
- 電話、インターネットの領収書、ならびに請求書

2	処分するものを伝えて複数社から見積もりをとり費用を確認
3	高価なものは、相続財産として扱われますので、別途査定してもらう
4	処分業者が来る当日は必ず立ち会う

生前に片づけしておきましょう

●電化製品の搬出・処分

エアコン・テレビ・冷蔵庫・洗濯機・扇風機・電子レンジ・炊飯器などは「家電リサイクル法」にもとづき、リサイクル会社に依頼、回収してもらう。

●仏壇

仏壇はお焚き上げ（お経を上げることで遺品から魂を抜き、償却して供養）します。故人の想いがこもった人形、お位牌、写真などは、引き取り手のない場合は、宗教者に供養を依頼して償却します。

●家財道具の仕分け／搬出

- 大型家具（タンス・ベッドなど）・テーブル・ソファ・スーツケースなどは粗大ごみとして処分
- 食器・日用品・雑貨などのほとんどは、ごみとして処分
- 故人が身につけていたメガネやレンズは火葬できません。各自治体のルールに従って廃棄します。

●車を処分するとき

軽自動車以外は、車は財産として扱われます。

- 軽自動車の場合　名義変更→廃車
- 軽自動車でない場合　遺産相続→名義変更→廃車など

ここがポイント！
遺品整理で困ったら?

　遺品整理で、廃棄したい物はさまざまでてきますが、専門業者に廃棄処分を依頼しないと、違法とされる場合があります。

　後見人センターとちぎでは、宇都宮市・壬生町・栃木市の一般廃棄物収集運搬の免許を取得している「株式会社おおの」をご紹介し、ご葬儀だけでなく、その後の家財片づけ・廃棄処分作業も引きうけてもらうようにしています。

　ご相談・受付は後見人センターとちぎ☎028-612-3175へ

ペットのこと

　遺されたペットが、飼い主様と別れた後、不幸な目にあわないために（動物愛護管理法・愛玩動物看護法）、用意しておきたいのはペットの居場所です。
　元気なうちに、家族や後見人と話し合い、次の飼い主になってくれる人、愛する猫ちゃん、ワンちゃんを幸せにしてくれる里親を、ご自分で見つけておくことをおすすめします。
　「老犬・老猫ホーム」は必ず見学してから契約されることをお奨めします。

自分で決める納骨・供養、いざその時の遺言書

樹木葬と永代供養

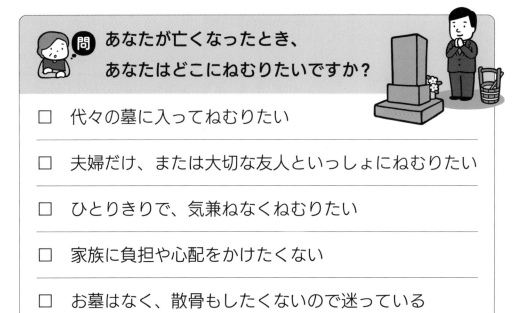

問 あなたが亡くなったとき、あなたはどこにねむりたいですか？

☐ 代々の墓に入ってねむりたい

☐ 夫婦だけ、または大切な友人といっしょにねむりたい

☐ ひとりきりで、気兼ねなくねむりたい

☐ 家族に負担や心配をかけたくない

☐ お墓はなく、散骨もしたくないので迷っている

●無縁仏にならないために──墓じまいと永代供養

　近ごろ、代々のお墓が**無縁墓**(むえんばか)になるケースが社会問題になっています。継承者が途絶(とだ)え、墓参りをする人もいないまま放置されています。それらはやがて墓地から墓石ごと撤去され、その下にねむるご先祖様は**無縁仏**(むえんぼとけ)になってしまいます。

　「高齢で遠方の墓参りに行けない」「お墓を受け継ぐ人がいない」という方が、先祖代々のお墓を**墓じまい**して、**永代供養**をお願いすることがふえています。

　墓じまいは、お墓のお引越し。お墓からお骨をとりだし、**納骨堂**などにお納めし、戒名をつけて供養します。元のお墓はたたんで更地(さらち)にし、お寺などの管理者に戻します。

永代供養は、お墓参りや供養する身内がいなくなり、無縁仏になってしまうことを避けるため、寺院などが永代にわたって供養します。

●**樹木葬永代供養墓とは**
　「お墓を継ぐ人がいない」方、「家族に負担をかけたくない」方にお奨めするのは、**樹木葬永代供養墓**です。
　永代供養墓は使用期限のあるお墓のこと。ご本人の希望により決められた期限が過ぎた後は、**合祀墓**(ごうしばか)（他の人の遺骨と同じ場所に埋葬されること）に遺骨を移します。ほとんどの場合、樹木葬は継承者を必要としない永代供養墓です。子孫や親族に管理費の負担をかけずにすみ、無縁仏にもなりません。
　樹木葬永代供養墓にはいくつかのスタイルがあります。みていきましょう。

1　樹木葬　納骨檀

「おひとりさまの私が入りたい」
「夫婦だけで、親しい友人といっしょに入りたい」
　そんな方には、**樹木葬納骨檀**をお奨(すす)めします。
　納骨檀はお墓のマンションのようなイメージです。といって

も、一室ごとのスペースはゆったりしています。粉骨にしたご遺骨を納骨箱（缶）に収蔵、納骨壇に安置します。

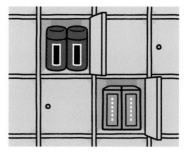

　長期間、供養された後、ご遺骨は合祀され、樹木葬地の自然に還（かえ）ります。魂を入れた**位牌板**（いはいばん）※は納骨堂に安置され、永代にわたりお彼岸・お盆に供養されますので、無縁仏にはなりません。

※位牌板　亡くなった方のご精魂は位牌に宿り、位牌に刻まれた戒名をもって、仏の弟子となります。神道における位牌は「霊璽（れいじ）」とよばれ、「霊号」が刻まれます。

納骨壇の利用には、つぎのメリットがあります。

- 宗教（仏教・神道・キリスト教など）、宗旨・宗派を問わない。
- 墓の継承者不要。
- 管理費不要。
- ご夫婦、ご家族、ご友人を指定して、一室で一緒にねむることができる。
- 墓じまいした先祖の遺骨を先に安置し、後にご本人が亡くなったときに一緒に入ることができる。
- おひとりさまでも利用できる。
- 費用がリーズナブルである。（費用／粉骨代・納骨箱〔缶〕・永代供養・位牌板、個人情報管理費込）

2 樹木葬 納骨堂

「父や母、ご先祖のお骨を収骨し、戒名をつけて永代供養に。その後、自分が亡くなったら一緒に入りたい」

緑の森につつまれた樹木葬地には、寺院様のご協力により、**樹木葬納骨堂**を設置しています。各納骨スペースは、墓じまいしたご先祖のご遺骨を先におさめることができ、その後、個人様、ご夫婦、ご家族、ご友人同士で…といった多様な希望によって、納骨できます。

粉骨にしたご遺骨を納骨箱に収蔵し、魂を入れた位牌板には戒名（仏の弟子となった証（あかし）としての名前）が刻まれ、長期間、供養されます。

最初の方を長期間ご供養した後、最後の方のご供養をして、皆さまと一緒に合祀（ごうし）します。合祀後も、魂を入れた位牌板を納骨堂にご安置し、お彼岸・お盆に供養されますので、無縁仏にはなりません。ご親族の永代供養についてもご相談ください。（費用／永代供養・粉骨代・納骨箱・位牌板、個人情報管理費込）

3 樹木葬のお墓

樹木葬は墓石のかわりに樹木をシンボルとしたお墓です。

一般的なお墓とは異なり、管理費がかからないため、費用が

安価で、宗旨・宗派に関係なく供養できることも魅力です。なにより、墓を管理する負担もないので、継承者についてあれこれ悩む必要がありません。

　自然の森に包まれた樹木葬地では、ご本人の好きな樹木を植樹し、その元に休みます。樹木の下の御影石（みかげいし）の納骨スペースに納骨されます。防水対策がほどこされ、蓋(ふた)は石造りになり、氏名・戒名が彫(ほ)られます。

　ご本人・ご家族が納められたお骨は、長期間供養された後、皆さまご一緒に合祀します。

　魂が入れられた位牌板は、納骨堂に安置され、お彼岸・お盆に供養されますので、無縁仏にはなりません。（費用：永代供養、納骨缶、位牌板、粉骨料含む）

4 樹木葬　合祀墓

　おひとりさまが無縁仏にならないよう、故人様のご遺骨を樹木葬合同墓地に合祀し、お位牌は納骨堂に安置するものです。

　最初から**合祀墓**（合同墓）に合祀される場合と、49日間、供養を行い、のちに合祀墓に入る場合があります。**49日合祀**では、故人の次の世（極楽浄土）が決まる49日までは遺骨壺に安置、その後、樹木葬合同墓地に合祀します。

　法要後、観音様の元に合祀した後は、

遺骨を取り戻すことはできず、改葬や分骨は不可能になります。合祀後は魂の入った位牌板を納骨堂に安置、お彼岸・お盆に供養されますので、無縁仏にはなりません。

※「後見人センターとちぎ」では、樹木葬合祀墓を希望される方には、かならず「死後事務委任契約」をご本人と同センターとの間で結んでいただくことをお願いしています。

5 ペットと一緒にねむる樹木葬のお墓（故人様withペット）

「愛するペットと一緒にねむりたい」方のための樹木葬地区画です。

人のみの樹木葬地とは別のエリアになります。

樹木葬は墓石のかわりに樹木をシンボルとしたお墓のこと。樹木の下の御影石（みかげいし）の納骨スペースに納骨されます。蓋の石碑には、故人様の氏名・戒名とペットの名前が彫られます。ご本人様が亡くなられて長期間供養した後、ご遺骨は、合祀されます（人のみの納骨・埋葬エリアとは別のエリアになります）。

魂を入れた位牌板（ペットの名とともに刻まれます）は観音堂に安置し、お彼岸・お盆に供養します。（費用は故人様プラスペットの粉骨代・納骨缶・位牌板・永代供養を含む）

※ここまでご紹介した樹木葬の詳細・費用については「えくぼ」にお問合せ下さい。
［お問合せ］えくぼ　電話028-688-0278

危急時遺言

●さしせまったときに作成する遺言書

「元気なうちに遺言書を…」と思っていても、つい後回しになりがち。しかし、「その日」は突然やってきます。

75歳のSさん。昨年、医師より「がんステージ3」を告げられました。

Sさんは焦ります。Sさんには認知症で施設におられる奥様、前妻との間に2人の息子さんがいます。奥様のことはSさんの実の妹が見てくれています。

●「お墓を守ることまではできない」と断られる

地域包括支援センターから連絡をうけ、**後見人センターとちぎ**がSさんとお会いした時、Sさんは憔悴されていました。「お墓の承継や供養のことまではできないと断られた」と語るSさんの手には、数枚の弁護士や司法書士の名刺がありました。

法律家がためらった理由は、ほかにもあります。

- Sさんの自宅を更地にし、売却が成立してからでないと、死後事務、葬儀納骨・永代供養、そして相続させたいお金の捻出ができない。
- Sさんは病状が進行中で、自宅土地の売却ができないうちに亡くなるリスクがある。

●Sさんの希望その1──先祖のお墓を受け継いでほしい

　Sさんには、自宅売却のお手伝いの経験をもち、また、死後事務やお墓（納骨・供養）にかんする専門家でもある私たちのような後見サポートが必要でした。

　あきらめかけていたSさんに、後見人センターとちぎは「できる限りのお手伝いをします」と言い、スタッフが動きだしました。

●Sさんの希望その2──妻、息子2人、実妹の計4人に遺産を分けたい

　それから約3ヵ月。Sさんは自宅土地売却の契約を行い、ご自身は施設に移られました。遺言執行の原資の見通しが立ちましたが、自宅を更地にして土地を売却するまで2か月はかかります。その間に「もしも」のことがあれば、売買は成立しません。そこで、弁護士の先生がSさん自らに確認し、その場合にそなえた手続きをとることにしました。

　このときSさんは「がんステージ4」。医師は「旅立ちの日は近い」と告げました。

●**危急時遺言**

　公正証書遺言の場合は、公証人とのやり取りなどで、ふつう2か月ほどかかります。

　人生の残された時間が少なく、公正証書遺言の作成が間に合わない場合に利用するのが**危急時遺言**です。

　「疾病その他の事由によって死亡の危急に迫った者が遺言をしようとするときは、証人3人以上の立会いをもって、その一人に遺言の趣旨を口授して、これをすることができる。」（民法976条　死亡の危急に迫った者の遺言）

　Sさんの場合の流れをみましょう。

●**「後見人センターとちぎ」がSさんのサポートをスタート**

Sさんご本人が自宅土地売却の契約

●**自宅を更地にする工事開始（Sさんは施設に移る）**

（自宅の片づけ、施設引越しにかかわるお手伝いを
「後見人センターとちぎ」がサポート）

自宅土地売却にかんする
Sさんの判断能力と意思を確認、
「もしも」の時にそなえ、危急時遺言をすすめる

●**危急時遺言**

医師・弁護士ら
3名が立ち会い証人となり
Sさんの遺言を確認

●**遺言執行者・葬祭施主決定**

死後事務・葬儀納骨・
永代供養など、Sさん本人の
希望にそって、遺言を執行する。

　危急時遺言はSさんの病院（病室）で行われました。これには3人の立ち合いが必要です。弁護士・医師含め3人の立会人のうち1人が、遺言書を口述し、全員に読み聞かせ、Sさんがその場で確認しました。

　すべてを終え、Sさんはホッとされていました。死期がさしせまったときの遺言が、ご本人の本当の気持ちでしょう。

　ただし、つぎの点に注意が必要です。

- 立会人は、本人の親類・利害関係者ではないこと。
- Sさんのように、実の妹にも遺産を分けたい場合は、遺言が必要です。
- 土地や墓を守ってほしい、葬祭施主を指定したいなどの場合も遺言が必要です。生命の危機にあっても伝えたい内容だからこそ、本人の死後、遺言内容を確実に実現するため、

遺言書の中に遺言執行者を定めておくことをお奨めします。
- 第三者の立ち合いがいらない自筆証書遺言は、自筆し署名押印をするなどが必要で、その要件を欠くと遺言の全部または一部が無効となる場合があります。

●「成年後見制度」の申し立てで認知症の奥様を守る

認知症で施設にすまう奥様は、夫のＳさんの死後、誰にサポートしてもらえばよいのでしょうか。Ｓさんは、奥様の「成年後見」を裁判所に申し立てることにしました。これには必ず医師の診断が必要ですが、申し立ては受理され、家庭裁判所の選任により弁護士の先生が奥様の成年後見人となっていただくことになりました。

●奥様の法定後見を裁判所に申し立て

●法定後見人を裁判所が専任

●奥様は引き続き施設に入居

12 後見人センターとちぎはこんなサポートをしています

"元気なうち"から"その後"まで

元気なうちに

いまは元気だが、
認知症や寝たきりに
なったら？

在宅介護

自宅で介護サービスを
うけながら一人で暮したいが、
困ったことが起きたら
誰に相談すれば？
要介護認定手続き、
身の回り、買い物の
サポートは、誰が？

老人施設介護

施設に入居して
プロの介護をうけたいが、
どうすれば？ 入所先は？
ペットの世話は？
誰が、定期的に
施設訪問してくれるの？

遺言書

遺言執行者として葬儀・
供養などの支払い／
遺産相続の手続きを
トラブルなく進めるなど

遺品整理と片付け

自宅・家財道具の
片付け、自宅の解体、
土地の処分は
誰がしてくれるの？

行政官庁への手続き

年金・健康保険・
介護保険・免許証などの
資格停止（返還）手続き、
税金の申告など

後見人センターとちぎは こんなサポートをしています

認知症

認知症になっても、
あらかじめ私が希望した
支援をうけたい！
介護費の支払など
お金のことは
どうすれば？

終末期 ターミナル

最期のケアと
みとりは誰が？
ムリに延命措置をせず、
おだやかに死を迎えたい。

死

この世からあの世へ。
安らかに旅立ちたい。

納骨と 永代供養

お葬式

私の旅立ちを、誰が、友だちに
知らせてくれるの？
役所への届け／葬儀社に連絡・
打合せ／宗教者に連絡／
親族・友人に連絡／
葬儀費用の支払い
などは誰が？

12　後見人センターとちぎはこんなサポートをしています　　151

特定非営利法人 後見人センターとちぎの理念

　高齢者支援は、人と人との出会いからはじまります。
　わたしたちは、「高齢者ご本人の立場に立つ」ことを理念に、ご本人が「後見人センターとちぎに頼んでよかった」と感じられるよう、生活(自宅、高齢者施設、病院など)支援を提供しつづけます。

❶高齢者の立場にたち、感謝の心と素直な気持ちをもって、ご本人のお話しをきかせていただき、支援させていただきます。

❷行政・地域包括支援センター・専門職団体と連けいし、高齢者、障害者の社会的支援にとりくみ、地域福祉向上をめざします。

❸「おひとりさま」「おふたりさま」の高齢者が、地域で安心して最期まで暮らせる環境を提案していきます。

後見人センターとちぎ

ご家族にかわり、おひとりさまを支援します。
　おひとりさまのための葬儀、永代供養墓、ご自宅を含めた整理など、手続きから実務までをおこないます。

1　身元保証
高齢者施設入所・病院入院のさいの身元保証

2　見守り支援
身のまわりの生活支援など

3　財産管理
お金の支払いや管理等のお手伝い

4　家の解体
おひとりさまの場合、老人施設や療養型病院に入る前に、自宅(不動産)を処分しておくことをお奨めします。

5　お墓のひっこし
おひとりさまの場合、ご本人の判断能力があるうちに、永代供養墓などに改葬してうつられることをお奨めします。

6　任意後見契約
元気なうちに認知症等にそなえて何を頼むかを決める契約

7 尊厳死宣言
延命治療をしないとの宣言

8 死後事務
葬儀・納骨・永代供養墓・
医療費等の支払い

9 遺言書
遺言書作成のお手伝い

10 樹木葬・永代供養墓
樹木合葬墓では毎年、供養祭をおこないます
合葬墓なので無縁墓になりません
お位牌を安置するお堂もあります

11 葬儀社・お寺のご紹介

12 遺品整理

[関係先参照リスト]

日本葬送文化学会
顧問／八木澤壮一

http://www.sosobunka.com/

一般社団法人 後見の杜
（こうけん　もり）
（代表・宮内康二）

〒152-0004 東京都目黒区鷹番2-18-5
電話：03-3793-0030
http://www.sk110.jp/

株式会社ジーエスアイ
（代表・橋爪謙一郎）

〒103-0013
東京都中央区日本橋人形町2-17-10
小池ビル4F
電話：03-5641-5466
http://www.griefsupport.co.jp/

NPO法人 人生まるごと支援
理事長／三国浩晃

〒108-0014
東京都港区芝5-27-5 山田ビル2F
電話：03-3453-6210
http://marugotosien.com/

株式会社おおの

〒322-0021
栃木県鹿沼市上野町130-3
電話：0289-62-6065
http://www.ms-ono.com/

[著者紹介]

大野益通（おおの・ますみち）

1952年栃木県生まれ。後見人センターとちぎ代表理事。株式会社おおの代表取締役。株式会社えくぼ代表取締役。東京大学市民後見人養成講座を修了。市民後見人として、2006年NPO法人「後見人センターとちぎ」を設立、とくに、身寄りのない高齢者、障がい者など社会的弱者の生活サポートなど地域福祉向上に取り組む。著書に、『一万人を見送ったおくりびとの覚書』『任意後見信託ノート』『一人暮らしで生きていくための任意後見入門』

2016年、おひとり様のための葬儀・永代供養・法要をサポートする「株式会社えくぼ」を設立。

NPO法人「後見人センターとちぎ」
（市民後見人センターとちぎより2017年改称）

頼れる人・家族が身近にいない高齢者の、日々の見守り、入院・老人施設入所時の身元保証、任意後見による身上監護と財産管理、死後の諸手続きなど、種々のサポートを公正証書にもとづいておこなっている。

〒320-0043
栃木県宇都宮市桜2-5-31
電話：028-612-3175
FAX：028-612-3263

特定非営利活動法人（NPO）
後見人センターとちぎ
賛助会員募集のご案内

後見人センターとちぎは頼れる人がいない、親族の支援がむずかしい高齢者が、安心して地域で暮らしていける社会を実現するため、さまざまな社会的支援をおこなっています。わたしたちの活動主旨に賛同し、ご支援くださる方を募集しています。詳しくは下記までお問い合わせください。

〒320-0043
栃木県宇都宮市桜2-5-31
電話：028-612-3175
FAX：028-612-3263

家と土地は残さない
在宅おひとりさまの生き方

2019年11月11日　第1版第1刷発行
2021年 9月20日　第2版第1刷発行

著者	大野益通（おおの・ますみち）
発行所	株式会社 にんげん出版
	〒181-0015
	東京都三鷹市大沢4-20-25-201
	電話：0422-26-4217
	Fax：0422-26-4218
	http://ningenshuppan.com/
デザイン	ちどり組
印刷所	中央精版印刷（株）

©Masumichi Ohno 2019, Printed in Japan
ISBN978-4-931344-48-8 C2077

本書の無断複写・複製・転載は
法律によって禁じられています。
乱丁、落丁本は小社にてお取り替えいたします。
定価はカバーに表示してあります。